JN221800

スクール・ポリシー

学校教育目標のアセスメントとカリキュラム・マネジメントの組織化に向けて

溝上慎一 編著

東信堂

はじめに

本書は、高等学校の教育を対象として、「学校教育目標(スクール・ポリシー)のアセスメントとカリキュラム・マネジメントの組織化に向けて」説くものである。本書が説くポイントは大きく次の2点である。

① 学校教育目標を測定可能な資質・能力の目標へと変換し、その達成の程度をカリキュラム・アセスメントすること
② ①の過程や結果を学校の教職員と共有し、カリキュラム・マネジメントとしての実践的組織化を図ること

3点補足をする。

(1) 本書は、主として高校教育を対象に説くものである。それは、これまで筆者が主に大学・高校の教育を対象として研究・実践してきたからである。高等学校の学校教育目標は、いわゆる『令和の日本型学校教育(答申)[1]』で「スクール・ミッション」「スクール・ポリシー」と称するように提起されている。これに従って本書では、「学校教育目標」と表記する場合でも、実質的には「学校教育目標(スクール・ポリシー)」を指すものとする。厳密な対応付けについては第1章で説明する。

(2) これまでも、学校教育目標それ自体は多くの学校で設定されてきた。しかし、今日では、学校教育目標を設定するだけでなく、それを実現するためのカリキュラムとの関連付け、その達成の程度を見取るカリキュラム・アセスメントも求められるようになっている。上述したポイント①「学校教育目標を測定可能な資質・能力の目標へと変換し、その達成の程度をカリキュラム・アセスメントすること」はこのことを実践的に目指すものである。

(3) 文部科学省(以下「文科省」と呼ぶ)では、カリキュラム・マネジメントを次の3つの側面に分けて説明している[2]。

○ 各教科等の教育内容を相互の関係で捉え、学校教育目標を踏まえた教科等横断的な視点で、その目標の達成に必要な教育の内容を組織的に配列していくこと。

○ 教育内容の質の向上に向けて、子供たちの姿や地域の現状等に関する調査や各種データ等に基づき、教育課程を編成し、実施し、評価して改善を図る一連の PDCA サイクルを確立すること。

○ 教育内容と、教育活動に必要な人的・物的資源等を、地域等の外部の資源も含めて活用しながら効果的に組み合わせること。

（下線部は筆者による）

本書で説くことは、ここで示されるカリキュラム・マネジメントの下線部に関連している。つまり、「学校教育目標を踏まえ…その目標の達成（に向かって）…教育課程を…実施し、調査や各種データ等に基づき、評価して改善を図る一連の PDCA サイクルを確立すること」の実現を目指すものとまとめられる。学校の中には、例えば教科等横断や地域等の外部との連携に取り組むことがカリキュラム・マネジメントであると理解しているところがあるが、どのような取り組みであろうとも、カリキュラム・マネジメントの本質は、常に学校教育目標を起点としてその目標を達成しようとすることにある[3]。本書はこの学校教育目標を起点にして学校教育改革を進めること、その関連でカリキュラム・マネジメントを進めることを実践的に説くものである。

高等学校で学校教育目標（スクール・ポリシー）の達成を実践的に目指すことは、それに関連するカリキュラム・マネジメントに取り組むことである。カリキュラム・マネジメントは、すでに現行の学習指導要領で提起されているので、本書はそれを学校教育目標、その達成の程度のカリキュラム・アセスメントを加えて発展させるものである。もっとも、全国の高等学校を見渡して、この取り組みがいまだ本格的に始まっていない現状を鑑みて、本書で説くものはいわばキックオフ的な入り口のものである。学術的な議論は最小限にしているので、近い将来、実践が起こってきた時に改めて論じたいと考えている。

本書は主として高校教育を対象に説くものであるが、本書で説く考え方や実践的技法の多くは、小学校・中学校他のすべての学校種に適用可能なものである。読者の所属する学校種の状況と興味・関心に合わせて受け取れる部分を受け取っていただければ幸いである。

注

1　中央教育審議会『「令和の日本型学校教育」の構築を目指して～全ての子供たちの可能性を引き出す、個別最適な学びと、協働的な学びの実現～（答申）』（令和3年1月26日）

2　中央教育審議会『幼稚園、小学校、中学校、高等学校及び特別支援学校の学習指導要領等の改善及び必要な方策等について（答申）』（平成28年12月21日）

3　野澤（2022）を参照。野澤有希（2022）.「学校の教育目標の設定の視点と課題に関する研究－上越市小学校における教育目標の分析を中心に－」『上越教育大学研究紀要』, *41(2)*, 305-316.

○　本書は、科学研究費基盤研究（B）（R 元 -4）「高大接続・トランジションを見据えた高校 IR とカリキュラムアセスメントの開発（溝上慎一代表：課題番号 19H01722）」の助成を受けて行われたものの成果報告である。研究は、以下のメンバーで分担して行い、その成果を研究代表者である筆者が本書で論じる形を採っている。

- 森　朋子（桐蔭横浜大学 教授・学長）
- 武田佳子（桐蔭横浜大学教育研究開発機構 教授）
- 溝口　侑（桐蔭横浜大学教育研究開発機構 特任講師）
- 三保紀裕（京都先端科学大学経済経営学部 教授）
- 山田嘉徳（関西大学教育推進部 教育開発支援センター 准教授）
- 本田周二（大妻女子大学人間関係学部 准教授）
- 紺田広明（福岡大学教育開発支援機構 准教授）

○　御礼：学校から仕事・社会へのトランジションのテーマにおける筆者の様々な研究・実践活動を支援してくださっている公益財団法人電通育英会の遠谷信幸理事長、有井和久専務理事を始め、スタッフの皆さまに厚くお礼を申し上げる。

○　第 3 章は次の発表をもとに、筆者が再分析したものである。

- 三保紀裕・本田周二・武田佳子・溝口 侑・山田嘉徳・紺田広明・森 朋子・溝上慎一（2022）.「スクール・ポリシーに基づくデータマネジメントの実態調査」、『日本教育工学会 2022 年秋季全国大会講演論文集』、415-416（2022 年 9 月 10・11 日、カルッツかわさき・オンデマンド）
- 山田嘉徳・三保紀裕・本田周二・武田佳子・溝口 侑・紺田広明・森 朋子・溝上慎一（2022）.「高等学校におけるデータマネジメントの実態調査―高大接続におけるトランジション研究への示唆を見据えて―」大学教育学会 2022 年度課題研究集会（2022 年 11 月 26 日、東京都立大学 オンライン）

2024 年 7 月

溝上　慎一

目次／学校教育目標(スクール・ポリシー)のアセスメントとカリキュラム・マネジメントの組織化に向けて

山本はるか（品川女子学院 教諭）
山崎 碧（品川女子学院 教諭）

学校教育目標（スクール・ポリシー）のアセスメントとカリキュラム・マネジメントの組織化に向けて

第1章
理　　論

1. 目標があってこその教育である

天野が「教育課程の立案・構成にあたって第一になすべきことは、教育目標の設定である。どんな能力をつけ、どんな子どもに育てたらよいかという一般目標と人間像を設定し、次いでそれを具体化する学校目標を設定しなければならない。教育目標の設定が教育内容計画の最初のしごとであると同時に最も重要なしごとである。なぜなら、内容の選択、組織、教授法の選択、評価計画等の後続作業は、教育目標を実現するための手段であるからである[1]」と述べるように、教育は目標があってこその目的的活動（purposeful activity）である。目標達成を目指さない活動を教育とは呼ばないと、まずは述べておく。

もっとも、学校教育では「目的」と「目標」は異なる意味で用いられており、実際の学校の中では、「建学の精神」や「校訓」「教育ビジョン」「学校教育目標」などと、近接の用語が様々に用いられている。本章では、目的・目標の定義や近接用語との関係を整理するところから説明する。

(1) 目的と目標

学校教育には、学校全体として人間形成を目指す「目的（aims）」のレベルと、個々の教科・単元や授業において知識・技能等の習得を目指す「目標（objectives）」のレベルがあるとされる[2]。この目的・目標の定義・関連は、多くの教育学の教科書において概ね同じように説明されている。各学校では、一方でどのような人間形成を目指すかを目的として設定して、他方で、学習指導要領等で求められる教科等の学習の習得を目標として設定し、両者を総合的に組み合わせてカリキュラムを編成して実践を行っている。

梶田[3]は、目的は「期待目標」の特徴をもっており、目標は「到達目標」の特徴をもっていると説く。つまり、教育基本法第1条にあるような「人格の完成を目指し、平和で民主的な国家及び社会の形成者として必要な資質を備えた心身ともに健康な国民の育成」や、各学校で掲げられる「進んで学びやりぬく子、人の立場がわかり助け合う子」といった学校教育目標は「期待目標」と特徴付けられ、教育成果についての最大限の期待を示すものである。他方で、学習指導要領等で求められる教育活動は、すべての子どもにその確実な学習の到達を目指し、「到達目標」と特徴付けられるものである。アセスメント（評価）が厳格に求められるのは、この到達目標に対してである。

(2) 学校教育目標

石井[4]は、目的と目標の中間に、長期的・包括的な実践的見通しを定めるものとして「ゴール（goals）」を設定することがあると述べている。学校教育目標や学級目標（めざす学習者像）が例として示されている。厳密に「ゴール」がどのような特徴をもつのかは、論者によって、あるいは目的・目標との関係をどのように取るかによって様々に考えられるだろうが、少なくとも石井が述べるゴールは、**図表 1-1** のように、期待目標としての目的に準ずる、しかし到達目標の特徴をもつものである。到達目標としての目標に幅があることを示唆している。

本書ではこれを踏まえて、目的・目標の近接用語（「建学の精神」「教育ビジョン」「学校教育目標」など）を**図表 1-2** のように定める。今後の議論のたたき台となるものであるが、ここでの特徴は、学校教育目標を実践的に扱うために「育成を目指す資質・能力」を設定していることである。学校教育目標を期待目標のゾーンに置くが、それに関連する形ですぐ下の到達目標のゾーンに「育成を目指す資質・能力」を置くことによって、学校教育目標は教育課程における教科等の活動と結びつけられて実践され、カリキュラム・アセスメ

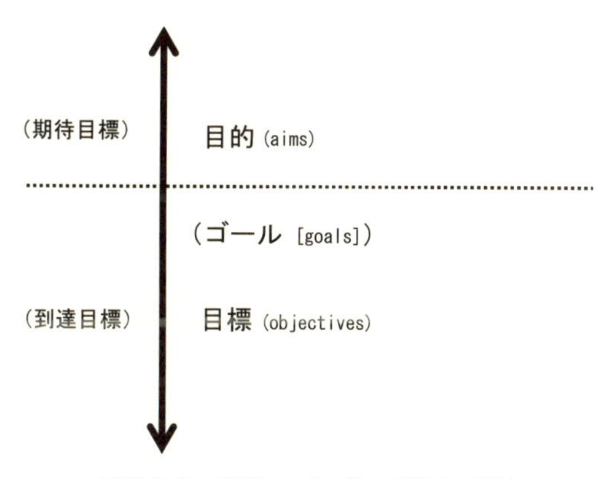

図表 1-1 目的・ゴール・目標の関連

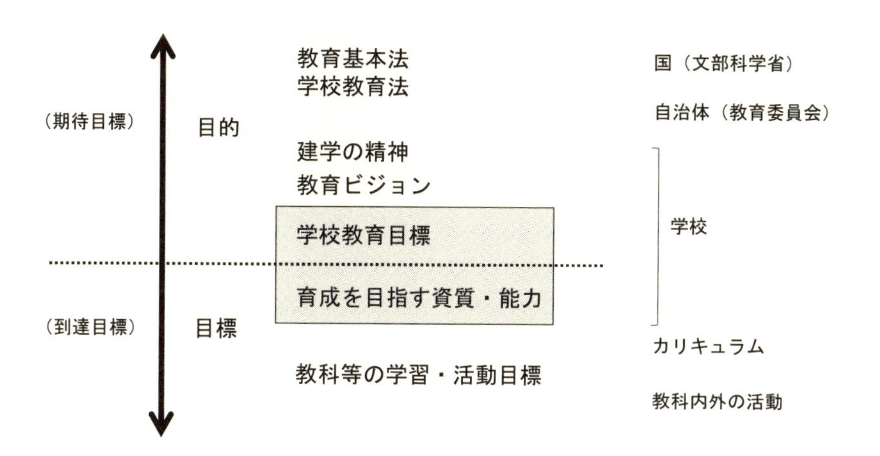

図表 1-2 目的・目標の近接概念の関連

ントできるものとなる。

なぜこのような変換作業を行うのか。例えば先の梶田の例を用いると、学校教育目標は「進んで学びやりぬく子、人の立場がわかり助け合う子」として掲げられる。しかしながら、これだけでは教育実践を通して子どものどのような資質・能力を育てようとするのかが明確に伝わらない。この学校教育目標を分節化すると、そこには少なくとも

- 進んで学びやりぬく子

- 人の立場がわかり助け合う子

の２つの観点から学校教育目標が説かれていることがわかる。それを

- 進んで学びやりぬくことができる
- 人の立場がわかり助け合うことができる

といったように、「育成を目指す資質・能力」と称して変換し、教科等の学習、活動を通して実践的に到達可能な目標とする方がいいと考えるのである。育成を目指す資質・能力は、できるだけ学習指導要領で示される言葉を用いた方が現場の教職員にはわかりやすいということも考え、

- 粘り強く自己調整をもって主体的に取り組める
- 他者と対話し、協働することができる

とした方がいいとも考えられる。もちろん、「粘り強く自己調整をもって主体的に取り組める」や「他者と対話し、協働することができる」をどのような指標でアセスメントするのか、どのような方法で実施するかは別の作業である。具体的な取り組みは、**第４章**で紹介する４つの学校事例を参照してほしい。

ところで、育てる資質・能力を「粘り強く自己調整をもって主体的に取り組める」「他者と対話し、協働することができる」と策定しても、実際の教育実践で育てる資質・能力は他にもたくさんあるはずである。この点についてどのように考えればよいだろうか。

野澤は「各学校は教育目標を設定する際、（中略）自校の実情に合わせて焦点化・重点化をすることは大前提である[5]」と説く。つまり、教育基本法や学校教育法などの教育法規、学習指導要領、自治体の教育ビジョンなどを踏まえ、かつ学校の地域特性や地域の中での役割などを総合的に考えて、その上で重点を置く資質・能力や人材育成の観点を絞って、学校教育目標、育成を目指す資質・能力を示せばよい。

2. 育成を目指す資質・能力とは

本節では、学校教育目標を実践的に取り扱うために育成を目指す「資質・能力」について概説する。(1) で述べるように、能力概念は国内外で様々な用語によって提起されているが、本書では現行の学習指導要領で用いられている「資質・能力」を用いていく。

(1) 資質・能力とは

「資質・能力」という用語は、教育基本法における義務教育の目的として掲げられる「各個人の有する**能力**を伸ばしつつ社会において自立的に生きる基礎を培い、また、国家及び社会の形成者として必要とされる基本的な**資質**を養うこと」(第5条2、太字は筆者による)とされるものから概念化されている。

類似の概念は、国内外において多数提起されてきた。国内においては、文科省「生きる力」(1996年)、同「学士力」(2008年)、内閣府「人間力」(2003年)、経済産業省「社会人基礎力」(2006年)、国立教育政策研究所「21世紀型能力」(2013年)、また国外において、OECD-PISA「リテラシー」(2001年)、OECD-DeSeCo「キー・コンピテンシー」(2003年)、などがそうである。本書では、現行の学習指導要領で用いられる「資質・能力」という用語を、これらを包括する概念として用いることとする[6]。

2点補足である。

1つは、能力と技能、態度は用語が異なる以上、厳密にいえば、相互に異なる概念であると見るのが学術的な常識である。英語あるいはカタカナ用語としてのスキル(skill)、リテラシー(literacy)、コンピテンス(competence)、コンピテンシー(competency)なども同様である。しかしながら、上述のように国内外で提起されているものは、どちらかといえば、あまりそれらの相違にこだわらず、大ざっぱに使用されている。例えば、**図表1-3**に示す大学の「学士力」を見れば、その構成要素に「汎用的技能」と「態度・志向性」が併置されている。これはわかりやすい例である。学士力の「力」が、厳密に見るところの能力なのか、技能なのか、態度なのかは実践者が判断しなければな

1. 知識・理解	専攻する特定の学問分野における基本的な知識を体系的に理解するとともに、その知識体系の意味と自己の存在を歴史・社会・自然と関連付けて理解する。 (1) 多文化・異文化に関する知識の理解 (2) 人類の文化、社会と自然に関する知識の理解
2. 汎用的技能	知的活動でも職業生活や社会生活でも必要な技能 (1) コミュニケーション・スキル（日本語と特定の外国語を用いて、読み、書き、聞き、話すことができる） (2) 数量的スキル（自然や社会的事象について、シンボルを活用して分析し、理解し、表現することができる） (3) 情報リテラシー（情報通信技術（ICT）を用いて、多様な情報を収集・分析して適正に判断し、モラルに則って効果的に活用することができる） (4) 論理的思考力（情報や知識を複眼的、論理的に分析し、表現できる） (5) 問題解決力（問題を発見し、解決に必要な情報を収集・分析・整理し、その問題を確実に解決できる）
3. 態度・志向性	(1) 自己管理力（自らを律して行動できる） (2) チームワーク、リーダーシップ（他者と協調・協働して行動できる。また、他者に方向性を示し、目標の実現のために動員できる） (3) 倫理観（自己の良心と社会の規範やルールに従って行動できる） (4) 市民としての社会的責任（社会の一員としての意識を持ち、義務と権利を適正に行使しつつ、社会の発展のために積極的に関与できる） (5) 生涯学習力（卒業後も自律・自立して学習できる）
4. 統合的な学習経験と創造的思考力	これまでに獲得した知識・技能・態度等を総合的に活用し、自らが立てた新たな課題にそれらを適用し、その課題を解決する能力

図表 1-3 大学の学士力（文科省）[7]

らないようになっている。

もう1つは、資質・能力の「資質」を能力と併用することについてである。能力を扱う時に、「資質」という概念を用いることは実践的にも学術的にも珍しいことであるが、その理由は教育基本法での用語を拾ってのこととされる。その上で、資質は遺伝の要素をもつ先天的な能力ではあるが、教育によってさらに向上させることができるものであり、一定の資質は後天的に身に付けさせることができると説明される[8]。このように、資質・能力は幅広く能力を捉えるものと見なされている。

(2) 資質・能力を前面に出す現行の学習指導要領

日本の学校教育は、学問の体系を主軸として、教科という単位で学習内容を組織する「教科カリキュラム」を採用している[9]。もちろん教科カリキュラムといっても、教科の知識・技能の習得だけを目標とするのではなく、今呼ぶところの資質・能力の育成を教科学習を通して身に付けるようにも考えられてきた。例えば、国語科で設定された論理的思考力や読解力を育てるという目標は、国語科の教科学力だけを考えて設定されてきたものではなく、その論理的思考力や読解力が広く他教科の、ひいては将来大人になって必要となる資質・能力を育てるものと考えられてきたわけである。

しかしながら、今日の学校教育では、教科カリキュラムを基礎としながらも、資質・能力の育成が教育課程の目的として前面に掲げられている。なぜなら、個別の教科学習で身に付ける資質・能力を超えた、より汎用的な資質・能力が社会から求められているからである。「汎用的な資質・能力の育成」を強調したともいえる。

現行の学習指導要領では、この汎用的な資質・能力を「資質・能力の三つの柱」（①知識・技能、②思考力・判断力・表現力等、③学びに向かう力・人間性等）と呼び、その育成を教育課程の目的として大きく謳っている。厳密には資質・能力と呼べるわけではない、（教科の）「知識・技能」を資質・能力の一つと見なして、大胆に整理した点に、現行の学習指導要領が真正面から資質・能力の育成を教育課程の目的とした意図を読み取ることができる（**図表 1-4** を参照）。資質・能力の三つの柱は、学校教育法の改正（第 30 条 2）で登場した学力の三要素の延長にあるともされるが[10]、内容は同じでも、それをまとめる上位概念の用語が「学力」であることと「資質・能力」であることとでは、意味や受け取り方がまったく異なる。さらに、このような目的をもって編成される教育課程を「社会に開かれた教育課程」と呼んだことは、この流れを決定的なものともしている。

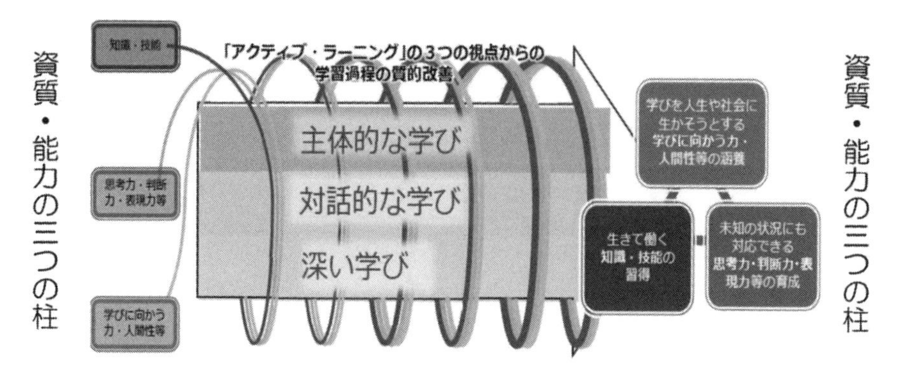

図表 1-4　主体的・対話的で深い学びを通して資質・能力の三つの柱の育成を目指すとした現行学習指導要領

(3) 汎用的な資質・能力の育成を謳う学習指導要領の発展的課題

現行の学習指導要領により、資質・能力の育成に向けた実践は本格的になされるようになった。しかしながら、そこでは特定領域における資質・能力をアセスメントすることに留まっており、教育課程の目的として掲げる汎用的な資質・能力のアセスメントにまで及んでいないという問題が生じている。図表 1-2 で示すところの期待目標に留まってしまっているともいえる。詳しく説明しよう。

現行の学習指導要領は、資質・能力の育成を異なる 2 つの意味で説いていることに注意が必要である。1 つは汎用的な資質・能力（以下「汎用的な資質・能力」と呼ぶ）であり、もう 1 つは教科それぞれの知識・技能に付随する特定領域における資質・能力（以下「特定の資質・能力」と呼ぶ）である。「資質・能力の三つの柱」（①知識・技能、②思考力・判断力・表現力等、③学びに向かう力・人間性等）と呼ぶ時の資質・能力は汎用的なそれを指しており、他方で、各教科で実践的に取り組む資質・能力は特定のそれを指している。各教科で行われる観点別評価（①知識・技能、②思考・判断・表現、③主体的に学習に取り組む態度）は、特定の資質・能力をアセスメントするものである。

図表 1-5 に示すように資質・能力は、学習指導要領に限らず、OECD や日

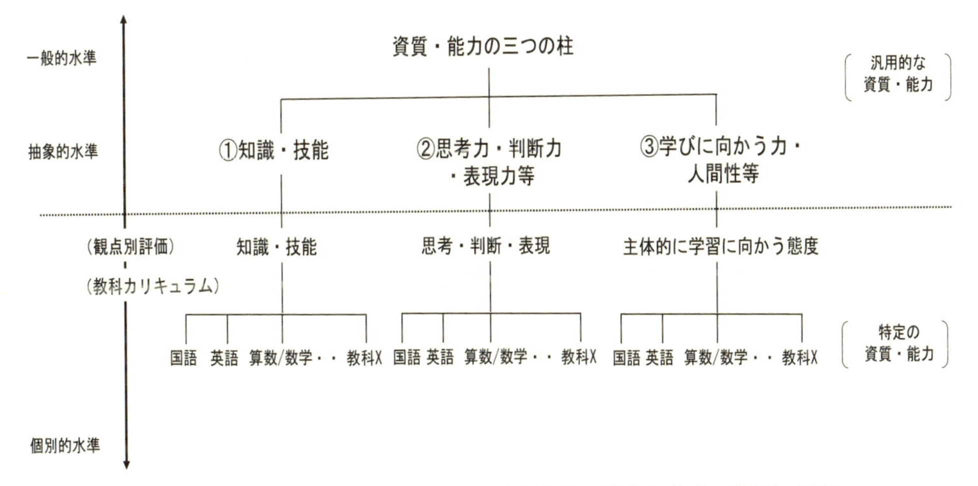

図表 1-5　水準の違いから見る汎用的な資質・能力と特定の資質・能力

経連、経産省、文科省などの能力論を始めとして、一般的に個別的水準から抽象的・一般的水準まで幅広く論じられてきたものである（図の左側）。これに、上述した汎用的な資質・能力、特定の資質・能力を対応させると、図の右側のようになる。両者の間を点線で区切ったように、抽象的・一般的水準は個別的水準の延長線上には必ずしもなく[11]、その意味において、観点別評価などによって生徒が特定の資質・能力を身に付けたとアセスメントされるにしても、それが汎用的な資質・能力の実現を意味するとは限らないという問題が生じる。汎用的な資質・能力をどの程度身に付けているかは、それ自体で別途アセスメントする必要がある。

(4) アセスメントと実践は別なので注意

もっとも、汎用的な資質・能力それ自体をアセスメントする必要があるといっても、実践的には、汎用的な資質・能力というのは特定領域でしか育てられないものなので、この点ここで補足しておく[12]。

例えば、（汎用的な）コミュニケーション力を育てる養成講座があるとしよう。たとえ講座の目的が汎用的なコミュニケーション力を育てることにあるとしても、それを実施するプログラムにおいては、「貧困」や「いじめ」「社会格差」「戦争」についてどう考えるかといった、特定領域の課題を何かしら与えざるを得ない。特定領域を超える汎用的な資質・能力を育てるプログラムであるのに、その実践においては特定領域の課題に頼らざるを得ない構造的ジレンマがある。そして、特定の資質・能力を積み重ねるだけでは汎用的な資質・能力には必ずしも至らないという先の問題構造はここでも同様につきまとう。

それでは、この構造的ジレンマを引き取って、どのように汎用的な資質・能力を育成すればいいのだろうか。文科省は、学習指導要領において少なくとも2つの方途を暗に示している。

1つは、前学習指導要領ですでに提起されている、今日「学びの過程」と呼ばれるところの習得・活用・探究[13]型の学習を行うことである。特定領域としての教科カリキュラムを採用する日本の学校教育において、汎用的な資質・能力を育てようとする時に重要になるのは、直接的に「活用」型の学習、そして発展的には教科等横断と見なされる「探究」型の学習を行うことである。活用型の学習は、前学習指導要領で提起されたが、同時にOECDのPISA調査にも対応させて、全国学力・学習状況調査のB問題としても課すようになった。これによって、とくに小中学校を主とする義務教育に活用型の学習は明示的に課せられるようになったといえる。さらに、1990年代後半のゆとり教育を標榜した際の総合学習なるものを、習得・活用・探究の一つ「探究」として位置づけ、教科の学習（習得・活用）と切り離さすことなくその必要性を連続的に主張したことは、前学習指導要領改訂によるこの問題の大きな前進であった。今回の学習指導要領で探究型の学習は、高校において「総合的な探究の時間」「教科探究」（「古典探究」「地理探究」「日本史探究」「世界史探究」「理数探究」「理数探究基礎」）としてさらに発展している。

習得・活用・探究の学びの過程は、実質的には汎用的な資質・能力を育成するためのものとなっている。というのも、汎用的な資質・能力なるものは実在するわけではなく、本質的には特定の資質・能力を異なる文脈の問題へと活用して、「転移可能な（transferable）」な資質・能力にしていくこと、それが「汎用的な資質・能力」の正体だからである[14]。汎用的な資質・能力は、「習得」で身に付ける特定の資質・能力を「活用」「探究」型の学習で転移させて身に付けるものなのである。

さらにいえば、そこでの活用・探究型の学習は、実生活・実社会での問題や課題を扱う「真正の学び（authentic learning）」を目指すべきとも説かれる。パフォーマンス課題もこの文脈で強く説かれる[15]。活用・探究型の学習がより真正の学びとなっていくことで、学習の総体がより社会に開かれた教育課程に近づいていく。だからこそ石井[16]は、汎用的な資質・能力を育てるために「真正の学びを！」と説くのである。石井の真正の学び論を、この習得・活用・探究の学びの過程、そして資質・能力の転移可能性を踏まえて読むと、その意図するものがよく見えてくる。

話を戻して、2つ目は、カリキュラム・マネジメントである。本章の冒頭で天野[17]の言葉を通して述べたように、学校教育は目標があってこその目的的活動である。文科省は現行の学習指導要領において、学校教育目標に基づく教育課程を編成し、実践するカリキュラム・マネジメントを求めたが、それこそは資質・能力が各教科のそれぞれの特定領域だけで育成されるとは考えていなかったことの証左である。もっとも、カリキュラム・マネジメントは、学校教育目標に基づく教育課程の「編成」「実践」のみならず、学校教育目標を「アセスメント」するところまで求めるものである。そのアセスメントの部分は未だ十分に取り組まれていない課題であり、先に問題提起した通り、本書の課題としている。

3. 高等学校の「スクール・ポリシー」――『令和の日本型学校教育（答申）』より

高等学校における「教育ビジョン」「学校教育目標」の高校版は、中央教育審議会『「令和の日本型学校教育」の構築を目指して～全ての子供たちの可能性を引き出す、個別最適な学びと、協働的な学びの実現～（答申）』（令和3年1月26日）（以下、『令和の日本型学校教育（答申）』）において、それぞれ「スクール・ミッション」「スクール・ポリシー」と命名され、次のように説明されている。本章の最後に、対応を確認しよう。

〈スクール・ミッション〉

○ 高等学校は、義務教育を修了した生徒が入学者選抜を経て入学するものであることから、各高等学校が育成を目指す資質・能力を明確にするために、各学校の設置者が、各学校や所在する地方公共団体等の関係者と連携しつつ、在籍する生徒の状況や意向、期待に加え、学校の歴史や伝統、現在の社会や地域の実情を踏まえて、また、20年後・30年後の社会像・地域像を見据えて、各学校の存在意義や各学校に期待されている社会的役割、目指すべき学校像を明確化する形で再定義することが必要である。

○ 上記の各高等学校の存在意義や社会的役割等（いわゆる「スクール・ミッション」）は、在籍する生徒はもとより、高等学校に関わる保護者、地域住民、地方公共団体や地元産業界等に対して分かりやすく学校の役割や理念を示すとともに、学校内の教職員にとっても様々な教育活動を実施する上でその基礎をなす理念として共有されるものであるという観点から検討される必要がある。その際、大学受験のみを意識したものや、学校間の学力差を固定化・強化する方向で検討するべきではないことに留意が必要である。

○ 私立高等学校においては建学の精神等に基づく教育が行われているところであり、創設時の建学の精神等の意義を再確認したり、それらに新たな解釈を加えたり、それらを基盤としながらも、現代社会の有り様や在学する生徒の状況等も踏まえて検討していくことが重要である。

〈スクール・ポリシー〉

○ 各高等学校の存在意義や社会的役割等に基づき、各学校において育成を目指す資質・能力を明確化・具体化するとともに、学校全体の教育活動の組織的・計画的な改善に結実させることが不可欠である。その際、高等学校教育の入口から出口までの教育活動を一貫した体系的なものに再構成するとともに、教育活動の継続性を担保するため、育成を目指す資質・能力に関する方針、教育課程の編成及び実施に関する方針、入学者の受入れに関する方針（これら3つの方針を総称して「スクール・ポリシー」と称する。）を各高等学校において策定・公表し、特色・魅力ある教育の実現に向けた整合性のある指針とする必要がある。

○ スクール・ポリシーの策定に当たっては、校長がリーダーシップを発揮しながら、全教職員が当事者意識を持って参画し、組織的かつ主体的に策定を進めるというプロセスが重要である。また、「社会に開かれた教育課程」の実現のためにも、各学校や地域の実情等を踏まえて、在籍する生徒をはじめとして、保護者、地域住民等、地域や産業界、関係団体等の関係者が参画して検討を進めることも重要である。

○ 各高等学校においては、スクール・ポリシーを起点としたカリキュラム・マネジメントを適切に行い、教育課程や個々の授業、入学者選抜の在り方等について組織的かつ計画的に実施するとともに、PDCAサイクルを通じて不断の改善を図る必要がある。また、授業改善のための組織的な体制整備や設置者による指導助言・支援も必要となる。

図表1-2にこれらを反映させると、**図表1-6**のようになる。スクール・ミッションは、学校の存在意義や社会的役割等を指し示すものであり、私立学校においては建学の精神に基づくものともされる。図表1-6では、「建学の精神」「教育ビジョン」「学校教育目標」のあたりがスクール・ミッションに相当すると考えられる。本書では、スクール・ミッションを、建学の精神、教育ビジョンをゆるやかに含み込みつつ≒「学校教育目標」と捉えておく。他方で、スクール・ポリシーは、スクール・ミッション（学校教育目標）に基づいて設定される教育実践を行うために、「育成を目指す資質・能力に関する方針」「教育課程の編成及び実施に関する方針」「入学者の受入れに関する方針」を表す

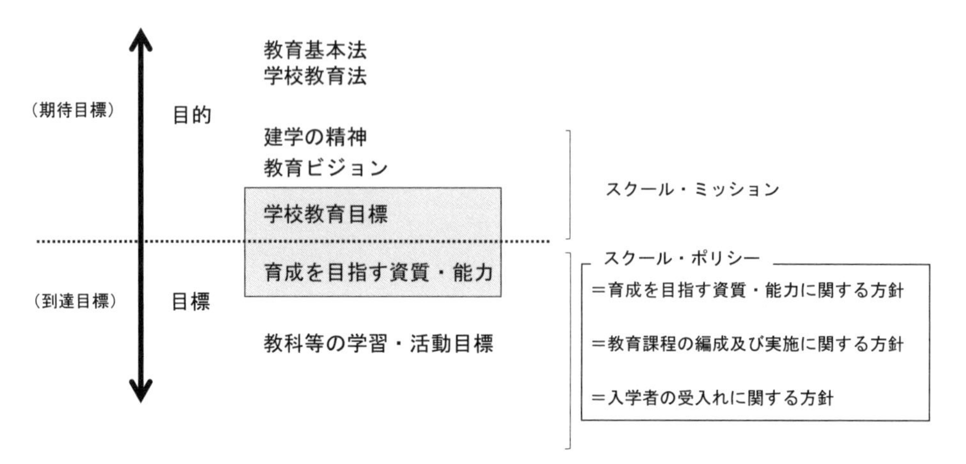

図表1-6 「スクール・ミッション」「スクール・ポリシー」と目的・目標との関連

ものとする。

これらの方針は、高等教育における教学マネジメント体制の「三つの方針[18]」（①卒業認定・学位授与の方針［ディプロマ・ポリシー：DP］、②教育課程編成・実施の方針［カリキュラム・ポリシー：CP］、③入学者受入れに関する方針［アドミッション・ポリシー：AP］）をたたき台にしている。高等教育における「教学マネジメント」は、高校以下の現行の学習指導要領で提起された「カリキュラム・マネジメント」にほぼ相当するものである。高等教育で学校教育目標を筆頭とするスクール・ポリシーを掲げる意義は、『令和の日本型学校教育（答申）』でも述べられるように、高校が大学受験のみを意識した教育機関としての見方からの脱却をねらうものでもあったのである。

注

1 天野（1989）、pp.63-64より。天野正輝（1989）.『教育課程編成の基礎研究』文化書房博文社

2 石井（2015）、西岡（2015）を参照。石井英真（2015）.「教育目標と評価」西岡加名恵・石井英真・田中耕治（編）『新しい教育評価入門－人を育てる評価のために－』有斐閣コンパクト　pp.77-111、西岡加名恵（2015）.「教育評価とは何か」西岡加名恵・石井英真・田中耕治（編）『新しい教育評価入門－人を育てる評価のために－』有

斐閣コンパクト　pp.1-22

3　梶田(1992), p.69 より。梶田叡一(1992).『教育評価［第 2 版］』有斐閣双書

4　石井(2015) を参照

5　野澤(2022), p.306 より、野澤有希(2022).「学校の教育目標の設定の視点と課題に関する研究－上越市小学校における教育目標の分析を中心に－」『上越教育大学研究紀要』, *41(2)*, 305-316.

6　様々な能力概念の定義や違いについては、松下(2010, 2014) に詳しい。松下佳代(編) (2010).『〈新しい能力〉は教育を変えるか－学力・リテラシー・コンピテンシー－』ミネルヴァ書房、松下佳代 (2014).『大学から仕事へのトランジションにおける〈新しい能力〉－その意味の相対化－』溝上慎一・松下佳代(編)『高校・大学から仕事へのトランジション―変容する能力・アイデンティティと教育―』ナカニシヤ出版　pp.91-117

7　中央教育審議会『学士課程教育の構築に向けて(答申)』(平成 20 年 12 月 24 日) より作成

8　文部科学省他(平成 26) を参照。文部科学省・育成すべき資質・能力を踏まえた教育目標・内容と評価の在り方に関する検討会『育成すべき資質・能力を踏まえた教育目標・内容と評価の在り方に関する検討会－論点整理－』(平成 26 年 3 月 31 日)

9　緩利誠 (2019).「教科カリキュラムとその展開」根津朋実 (編) (2019).『教育課程』ミネルヴァ書房　pp.15-18

10　文部科学省他(平成 26)、p.11 でこの関連について言及している。

11　この問題は本質的には、言語と思考の関連に由来するものである。ヴィットゲンシュタインの論理哲学論考やソシュールの言語論、ローティの言語論的転回は、この問題を本質的に議論する代表的なものである(ガードナー (1987) に大きな流れがまとめられている)。私のこの水準の問題に対する見方は、自己論をテーマに溝上(2024)で論じたので併せて紹介しておく。ガードナー[1987](著) 佐伯胖・海保博之 (監訳) (1987).『認知革命－知の科学の誕生と展開－』産業図書、溝上慎一 (2024).『幸福と訳すな！ウェルビーイング論－自身のライフ構築を目指して－』東信堂

12　石井(2024) は、同様の観点をコンテンツベースとコンピテンシーベースの対比によって説明している。石井英真 (2024).『教育「変革」の時代の羅針盤－「教育 DX ×個別最適な学び」の光と影－』教育出版

13　学習指導要領に「習得・活用・探究」型の学習が組み込まれるにあたっての審議会での議論については、安彦(2016) に詳しい。安彦忠彦 (2016).「習得から活用・探究へ」溝上慎一(編)『高等学校におけるアクティブラーニング：理論編 (アク

ティブラーニングシリーズ第 4 巻)』東信堂　pp.62-93

14　例えば Tennant (1999) を参照。Tennant, M. (1999). Is learning transferable? In D. Boud, & J. Garrick, (Eds)., *Understanding learning at work*. London: Routledge, pp.165-179.

15　このあたりの議論は、ウィギンズ・マクタイ (2012)、西岡・石井 (2019) を参照。ウィギンズ, G.・マクタイ, J. (著) 西岡加名恵 (訳) (2012).『理解をもたらすカリキュラム設計－「逆向き設計」の理論と方法－』日本標準、西岡加名恵・石井英真 (編) (2019).『教科の「深い学び」を実現するパフォーマンス評価－「見方・考え方」をどう育てるか－』日本標準

16　石井 (2024) の第 4 章を参照

17　天野 (1989) を参照

18　中央教育審議会大学分科会『教学マネジメント指針』(令和 2 年 1 月 22 日)

第2章

学校教育目標のアセスメントとカリキュラム・マネジメントの組織化に向けた実践的提案

資質・能力の育成を前面に出して謳う現行の学習指導要領のポイントをもう一つ上のレベルで仕上げるために、本書が図表1-6を参考にして提案するのは、次の4点である。

〈ポイント1〉実践可能な学校教育目標を策定すること
〈ポイント2〉1に連動させる形で、育成を目指す資質・能力を策定すること
〈ポイント3〉データ・エビデンスによって育成を目指す資質・能力をアセスメントすること
〈ポイント4〉1〜3をスクール・マネジメントとして組織的に実践すること

以下では、この**ポイント1〜4**について、**第4章**の高校の実際の事例を紹介しながら解説する。なお、事例の紹介にあたっては、私が直接指導してきた桐蔭学園高等学校・中等教育学校（以下「桐蔭学園」）の**〈事例1〉**を基礎とし、他3校の**〈事例2〜4〉**でそれを補う形を採る。

桐蔭学園では、このテーマへの取り組みを2015年から行っており、すでに8年が経過している。その意味では、本書で報告された原稿を読んで、良くも悪くもやや出来上がってしまっている印象を受けることを否めない。他方で他の3校は、このテーマへの取り組みにおいてまだこれからの学校であるが、学習指導要領の施行後、『令和の日本型学校教育（答申）』が出された

2020年以降に指導した学校であることから、このテーマを作業しようとする読者には参考になるところが多くあるだろうと思う。学校教育目標や育成を目指す資質・能力の策定、アセスメント指標の考え方等について、その意思決定や作業のプロセスが詳細に報告されている。

いずれにしてもこのテーマは、まだ政府の施策においてどのように展開するかが見えない中でのたたき台の資料である。**はじめに**で述べたとおりである。以上を踏まえて**ポイント1～4**を解説していこう。

1. 〈ポイント1・2〉実践可能な学校教育目標を策定すること／育成を目指す資質・能力を策定すること

ポイント1、2は、本書のテーマを実践的に取り組むにあたって最も重要なものである。併せて見ていく。

〈事例1〉の桐蔭学園では、建学の精神（＝スクール・ミッション）を踏まえて、**図表4-1-2**に示すような形で、スクール・ポリシーが策定されている。学校教育目標、育成を目指す資質・能力は、その中の「①育成を目指す資質・能力に関する方針」に示されている。

学校教育目標…社会に生きる主体として自ら考え判断し行動できる資質・能力の育成

育成を目指す資質・能力

○他者を承認した上で、多様な人たちと協働できる

○学び続け問い続けながら、探究することができる

○自己を知り、将来の見通しを持って自らを高めることができる

○未知に挑み、出会いを生かして世界を広げることができる

〈事例2〉の大手前高松中学・高等学校（以下「大手前高松」）では、スクール・ポリシーをver.9として「不確実な状況でも柔軟に、当事者としてこれからの社会に貢献できる人、すなわち、見通しを立てて、行動を起こし、内省して、

協働的に課題解決に挑戦できる人」と、一文に仕上げた作業プロセスが示されている。「すなわち」の前後を学校教育目標と育成を目指す資質・能力に分けられるなら、大手前高松のスクール・ポリシーは次のようにまとめられる。

学校教育目標…不確実な状況でも柔軟に、当事者としてこれからの社会に貢献できる人

育成を目指す資質・能力

○見通しを立てる

○行動を起こす

○内省する

○協働的に課題解決に挑戦できる

〈事例3〉の富士市立高等学校（以下「富士市立高校」）では、**図表4-3-6、4-3-7**に示されるように、スクール・ミッション（CDI）、すなわち、「C: 地域との協働」「D: 夢の実現」「I: 探究の精神」を踏まえて、（学校）教育目標と育成を目指す6つの力（資質・能力）が次のようにまとめられている。

学校教育目標…自律する若者　＊自律…自ら考え、自ら行動する

育成を目指す資質・能力

○主体性

○協働する力

○チャレンジ力

○実行力

○状況把握力

○論理的思考力

〈事例4〉の品川女子学院中等部・高等部（以下「品川女子学院」）では、**図表4-4-1**にスクール・ミッション「社会で活躍する女性を育成する」を踏まえたスクール・ポリシーが示される。育成を目指す資質・能力は**図表4-4-3**に示

されるルーブリックの評価項目になる。次のようにまとめられる。

学校教育目標…私たちは世界をこころに、能動的に人生を創る日本女性の教養を高め、才能を伸ばし、夢を育てます

育成を目指す資質・能力

○問題発見力

○共感力

○発信力

○内省力

2. 〈ポイント 3〉データ・エビデンスによって資質・能力をアセスメントすること

(1) データ・マネジメント――――高等教育の IR を参考にして

学校も含めて、企業や行政等の社会の組織・機関は、これまで様々な活動や機能をアセスメントして、データの収集・分析を行い、組織・機関の改善・発展に役立ててきた。サービス業のお客さまアンケートは最も良く知られるものであり、学校でも、子どもの学校生活や学習に関するアンケート調査、保護者アンケート調査などを実施して、実態を把握する活動を行ってきた。この 20 年は授業(評価)アンケートも実施され、教職員の授業改善を促すようになっている。

近年の高等教育機関では、「I R(アイアール)(Institutional Research)[1]」と呼んで、これまでのアンケート調査や学生調査を超えた、組織変革を促すためのデータ・マネジメントを行うようになっている。大学評価と質保証、大学情報公開、大学ベンチマーキング、エンロールマネジメント、戦略計画等に関するデータを収集・分析し、その結果やレポートをガバナンスに活かし、教育機関の管理運営や戦略計画、財務計画等に役立てている[2]。今や IR は、高等教育機関のガバナンスと教学マネジメント体制の中核的作業の一つとなっている。文部

科学省『大学における教育内容等の改革状況について(令和3年度)[3]』によれば、全国大学機関におけるIRオフィスの設置率は52%となっている。

本書のテーマ「学校教育目標(スクール・ポリシー)のアセスメントとカリキュラム・マネジメントの組織化」は、高等教育のガバナンスと教学マネジメントの流れを多かれ少なかれ基礎としている。初等・中等教育において、現行の学習指導要領で「カリキュラム・マネジメント」が謳われているが、用語自体の意味は高等教育の「教学マネジメント」とほぼ同じものである。『令和の日本型学校教育(答申)』で謳われた「スクール・ミッション」「スクール・ポリシー」は、高等教育における「三つの方針」を参考に策定されたものであり、高校におけるカリキュラム・マネジメントと高等教育における教学マネジメントを近接させるものと考えられる。つまり、これらは高等教育で、DP(ディプロマ・ポリシー)や学校教育目標を起点とした教学マネジメント体制、さらにはそれを組織的に運営するガバナンス改革として作業されていることの高校版であるといえるのである。こうして、本書のテーマ「学校教育目標(スクール・ポリシー)のアセスメントとカリキュラム・マネジメントの組織化」は、高等教育におけるIRの作業を高校版へと変換するものといえるのである。

第4章のすべての事例に「IR」という用語が頻出するが、それは私がこのような高等教育の流れを受けてこれらの学校を指導してきたからである。しかしながら、指導をしている中で『令和の日本型学校教育(答申)』(令和3年)が出され、「スクール・ミッション」「スクール・ポリシー」という枠組みも打ち出された。こうして、高等教育のIRという用語を高校で用いていく必要はなくなった。高校のこのテーマにおける今後の作業では、IRという用語を「データ」や「エビデンス」という用語に置き換えて進めていけばいいだろう。

(2) 学習成果の評価として発展

学校では今日でも、子どもの学校生活や学習に関するアンケート調査、保護者アンケート調査、授業(評価)アンケートなどが実施されており、それらは(1)で述べたデータ・マネジメントの一環として理解されるものである。

学校教育の様々な活動の善し悪しや評価をデータによって可視化し、改善・発展させるものである。**〈事例 1〉**の桐蔭学園で報告される「アクティブラーニング型授業のふり返り」や「学びに関するアンケート」、一般的な資質・能力をテストする「学びみらい PASS」の実施・分析もデータ・マネジメントの事例として理解される。

他方で、高等教育における教学マネジメントは、DP（学校教育目標）に基づく学習成果[4]の可視化・内部質保証と称して、学生が学校教育目標としての知識や資質・能力を学習成果としてどの程度身につけたかを評価することを求めている（以下「学習成果の評価」と呼ぶ）。国際的に求められている流れでもある[5]。ここでは、私が高校に指導する時に参考にしてきた松下[6]による学習成果の評価の 4 つのタイプを紹介する。

図表 2-1 に示すように、学習成果の評価は、「直接評価－間接評価」の軸と「量的評価－質的評価」の軸によって大きく 4 象限の I ～ IV タイプに分類される。直接評価と間接評価の違いは、評価方法が学習成果の直接的なエビデンスに基づくか、間接的なエビデンスに基づくかである。例えば直接評価は、（標準）テストやレポート、パフォーマンス課題等によって学習者の知識や能力が表出されたものを評価することであり、間接評価は、アンケート調査やリフレクション（ふり返り）等によって学習者の自己報告によって学習者が知識や能力をどの程度身につけているかを評価するものである。直接評価－間接評価の指標には、量的評価－質的評価の違いもあるから、図表 2-1 ではこれらの組み合わせで 4 象限（I ～ IV）で説明がなされている。

高校においては、『令和の日本型学校教育（答申）』で「スクール・ポリシー」が謳われたが、今のところここで述べるところの「学習成果の評価」まで求めるものとはなっていない。しかし、高等教育の教学マネジメント体制を参考にして考えれば、スクール・ポリシー政策の行き着く先は「学習成果の評価」である。本書でキックオフ的に提案する理由である。

第 4 章で示す事例との対応をまとめておく。**〈事例 1〉**の桐蔭学園では、学校教育目標や育成を目指す資質・能力を踏まえた科目別のグランドデザインやルーブリック、年間シラバスなど、カリキュラム・マネジメントが実践的

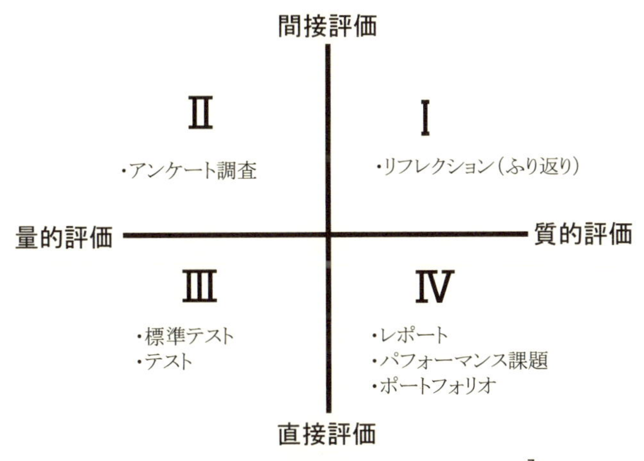

図表 2-1　学習成果の評価の 4 つのタイプ[7]

に行われてきたものの（事例 1 の **4** を参照）、そのアセスメントとしての「学習成果の評価」はいまだ作業に着手できていない。**〈事例 2〉**の大手前高松、**〈事例 3〉**の富士市立高校も、作業進行としては同様である。他方で、**〈事例 4〉**の品川女子学院は、育成すべき資質・能力を長期的ルーブリックによってアセスメントするところまでできている。本書では、品川女子学院の事例を作業の 1 つの到達イメージとして示す。

理論的な説明である。松下[8]は学習成果の直接評価の方法例として「長期的ルーブリック」「学修ポートフォリオ」を挙げている。日本の高等教育でこのテーマが議論され始めて 5 〜 10 年経つが、学習成果の直接評価を積極的に実施できている大学はきわめて少ないのが実情である[9]。今後それが増えていく気配も今はあまり感じられない。

この現状を踏まえて、品川女子学院には、長期的ルーブリックを用いた図表 2-1 のタイプ II の量的な間接評価を取り入れるように指導した。長期的ルーブリックは、学修ポートフォリオ等と組み合わせて用いることでタイプ IV の学習成果の評価ともなるが、ここでは生徒の自己評価として、図表 2-1 で指すところのタイプ II として用いればどうかと指導した。もっとも、生徒が品川女子学院の目指す学校教育目標や資質・能力をしっかり理解し、彼女らの自己評価力を高める教育的作業を徹底していることは[10]、一般的なアンケート調査と異なる点である。また、生徒の自己評価ではあっても、その自己評価の質が教職員や学校にとって妥当なものとなるような追求がなされていることも、〈事例 4〉の報告を読めばわかることである。その意味では、この評価は形式上はタイプⅡであるけれども、実態はかなりタイプⅣに接近する特徴をもっている。さらに、一般的には生徒は自身の学校が目指す教育目標や資質・能力を十分に理解していない、聞いたことがないという現状がある中で、品川女子学院はこの作業を生徒と丁寧に協働している。単に学習成果の評価を行うというのではなく、学校教育目標に準拠して教育活動を行う、それを生徒と協働するという学校教育の基本的姿を示しているのである。すばらしい作業である。私は、高等教育の現状を踏まえて、今から高校で学習成果の評価を導入するにあたって、現実的にはこの作業を行うだけでも十分ではないかと今のところは思っている。

3. 〈ポイント 4〉スクール・マネジメントとして組織的に実践すること

本書のテーマである

- スクール・ポリシー（学校教育目標・育成を目指す資質・能力）の策定
- それに基づくカリキュラム・マネジメント
- そのアセスメントとしての学習成果の評価

は、管理職を中心としながらも、学校の構成員である教職員と協働でスクール・マネジメントとして組織的に実践されなければならない。学校教育目標を起点として、それをカリキュラム、授業に関連付けるためには、構成員としての教職員の協力・協働が必要である。**〈事例 2〉**の大手前高松、**〈事例 3〉**の富士市立高校、**〈事例 4〉**の品川女子学院では、学校教育目標とそれに基づく資質・能力がスクール・マネジメントとして組織的に検討されたプロセスが詳細に報告されている。参考にしてほしい。

本章の残りでは、次の点をもって**ポイント3**を補足する。

- 統計を使わないでローデータに近い形でまとめる（→4）
- 学力の三要素をアセスメントするトランジションタイプ（→5）

4. 統計を使わないでローデータに近い形でまとめる

私は、少なくとも高校のデータ・マネジメントや学習成果の評価においては、高度な統計処理（例えば、因子分析や重回帰分析、ロジスティック回帰分析、パス解析など）はもちろんのこと、ｔ検定や分散分析、相関分析といった基礎的な統計さえ、基本的には必要ないと考えている。実際の指導においては、できるだけ統計を使わないで、度数分布やクロス集計等の単純集計でまとめグラフ等で図示するくらいのことでいいと指導している（例えば、**〈事例2〉**大手前高松の**図表4-2-1**、**〈事例3〉**富士市立高校の**図表4-3-10**など）。

理由は２つある。

第１に、高校現場で行われるデータ・マネジメントに、高度な専門性を求めない方がいいと考えるからである。高校のこのテーマの作業担当者は、高等教育のIRオフィス等の担当者のような統計やデータ・マネジメントの専門家ではなく、ICTリテラシーが他より少し高いくらいの教職員か校務分掌（教務部や研究部、進路部など）の委員であることが一般的である。この活動を普及させたいのであれば、統計処理にこだわってはいけないと考える。なお、この活動は、（無作為抽出などの）サンプリングをせず全数調査となることが一般的なので、ｔ検定や分散分析等の母集団推定を行う統計的検定は不要であるとも理論的に考えられる。

第２に、データを統計的に加工しすぎず、単純集計でローデータに近い形でまとめ、視覚的に結果をまとめて表現する作業の仕方が実践的に有用だと考えるからである。**3**で述べたように、スクール・マネジメントとして組織的に進められるべきこの活動において、データを加工しすぎないことには積極的な意義がある。つまり、統計やデータ・マネジメントに必ずしも精通しない一般の教職員と、データを共有して結果を協働で考察していくために、できるだけローデータに近い形でまとめる処理が理想的だと考えられるのである。

5. 学力の三要素をアセスメントするトランジションタイプ

(1) 学力の三要素タイプの判定――河合塾『学びみらいPASS』

第1章2(2) で述べたように、現行の学習指導要領では、社会に開かれた教育課程と称して、「資質・能力の三つの柱」(①知識・技能、②思考力・判断力・表現力等、③学びに向かう力・人間性等) を教育課程の大きな目的として謳っている。資質・能力の三つの柱は、学力の三要素 (学校教育法第30条第2項) を発展させたものである。

本書では、**ポイント3** の発展版として、河合塾の提供する社会人基礎力テスト「学びみらいPASS[11]」を用いた資質・能力の客観的アセスメントによる指標を紹介する。学びみらいPASSは、複数のテストから成る総合的な社会人基礎力をアセスメントするものであるが (本章末の**資料**を参照)、その中の

①教科学力 (英語・数学・日本語)

②リテラシー（情報収集力・情報分析力・課題発見力・構想力）

③コンピテンシー（対人基礎力・対自己基礎力・対課題基礎力）

の結果を用いれば、学力の三要素に近い力をアセスメントすることができる。テスト受験後には、①②③のそれぞれの判定をさらに高 (○)、低 (△) に再分類して、その組み合わせから、

- ○○○
- ○○△
- ○△○
- ○△△
- △○○
- △○△
- △△○
- △△△

(例) ○△○……教科学力 (高) ＋リテラシー（低）＋コンピテンシー（高）

の8つのタイプが受験者にフィードバックされる。学力の三要素のうち、どの要素が強くてどの要素が弱いのかがわかるようになっている。

図表2-1に照らせば、それはタイプIIIの学習成果の評価（標準テスト）に近いものである。学校独自の教育目標、それに基づく資質・能力の直接評価（タイプIV）と違って、学びみらいPASSは全国の高校生が受験する標準テストなので、いわば教科学力の全国模試のように、全国の中での相対的位置、レベル判定が可能となる。高校生の時点で、社会人としての資質・能力が一般的にどの程度備わっているかを見ることができる。

(2) トランジションタイプへ再分類[12]

本書では、もう一歩アセスメントを発展させて、「トランジションタイプ」の指標まで紹介する。それは、(1)の学力の三要素タイプを、大学進学後にどの程度学び成長する大学生となるかを予測するタイプへと再分類したアセスメント指標である。

私が河合塾と高校生（2年生）を10年間追跡して調査してきた「学校と社会をつなぐ調査」（通称「10年トランジション調査」）の結果[13]を参考にすると、大学生の学びと成長、そして社会人（3年目）の仕事に影響を及ぼす力として、(1)で示されるところの学力の三要素が基礎となることは明らかである。しかも、最終調査分析の結果からは、本書で呼ぶところの高校生の資質・能力の高低が直接的に大学卒業後の社会人の仕事に影響を及ぼすわけではなく、まず高校生から大学1年生へと、次いで大学1年生から大学3年生へ、そして大学3年生から社会人3年目へと、影響を段階的に積み重ねて、そうして高校生から社会人へのトランジションを実現することが明らかにされたのである。学術的には「間接効果」と呼ばれる流れである。生徒の多くが大学進学する高校関係者にとってこの結果が示唆することは、まずもって高校生が良い形で大学生へとトランジションすることに集中するということである。つまり、高大接続の充実を図ることである。そして、大学に進学した後のことは、大学側の仕事だということである。

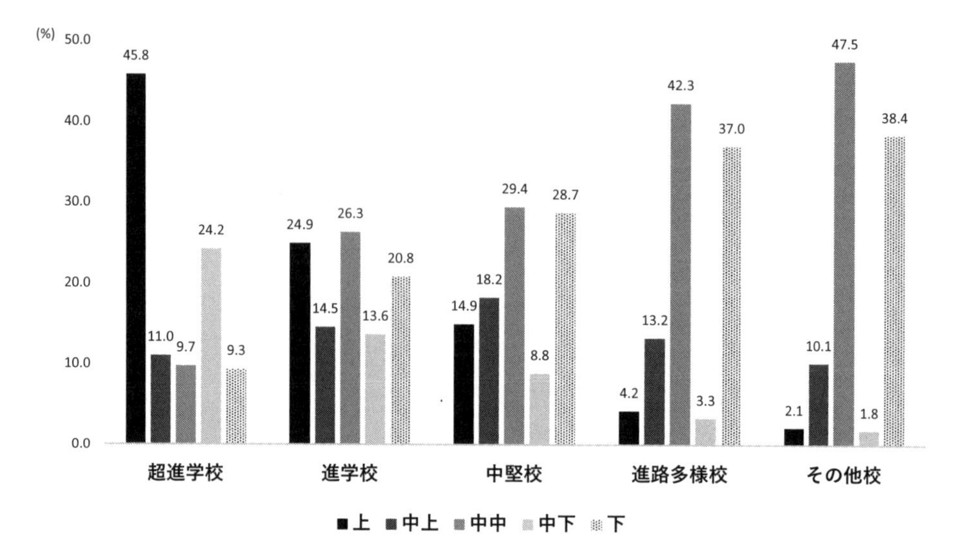

図表 2-2 「学力の三要素タイプ」と「トランジションタイプ」の対応

ここでは、8つのタイプでフィードバックされる学力の三要素タイプを、「上」「中上」「中中」「中下」「下」の5つに再分類した「トランジションタイプ」なるものを先に示しておく。

図表 2-2 は再分類における対応図であり、河合塾アセスメント事業推進部[14]より提供いただいたデータ（2018年度）をもとに、全国の高校別（超進学校〜その他校）のトランジションタイプの割合を付したものである。たとえば、超進学校の生徒で最も多く見られるトランジションタイプは「上」（45.8%）であり、最も少ないトランジションタイプは「下」（9.3%）である。しかし、超進学校でも「中下」の生徒が24.2%もいる。「中下」の生徒は、教科学力は高いがコンピテンシーが低く、大学進学後、さらに仕事・社会への移行後の学びと成長が弱いと予想されるトランジションタイプである。

(3) どのように再分類したか

（ステップ1）

10年トランジション調査の結果を踏まえれば、トランジションを実現するためには①教科学力を身につけているだけでは不十分である。少なくとも、(学びみらいPASSの)学力の三要素で示されるところの、③コンピテンシー(対人基礎力・対自己基礎力・対課題基礎力)をも併せ持つことが必要である。このように考えられるならば、トランジションの観点からは○＊○の組み合わせが理想的であり、「**上**」となる。同様に考えて、逆は△＊△の組み合わせであり、「**下**」となる。具体的には下記の通りとなる。

上……○○○、○△○
下……△○△、△△△

それでは、トランジションタイプ「**上**」「**下**」と進研模試(ベネッセコーポレーション)の結果(偏差値)、学びみらいPASS内の他のテストLEADS(**章末資料**を参照)にある「家庭学習時間」「自尊感情」「友人関係」「キャリア意識」の項目との関連を見ておこう。**図表2-3**に進研模試との関連を、**図表2-4**にLEADS各項目との関連を示す。データは、桐蔭学園の高2生(2018年時)のものを用いている。

図表を見ると、「**上**」(○○○、○△○)は進研模試の偏差値が高く、LEADSのすべての項目において高い得点を示している。他方、「**下**」(△○△、△△△)は偏差値が低く、LEADSのすべての項目において低い得点を示している。これらの結果は、再分類した「上」「下」のタイプが妥当な特徴をもつことを示すものである。

(ステップ2)

次に、学力の三要素タイプにおける残りの4タイプを「**中**」とする。図表2-3(進研模試)、図表2-4(LEADS内の項目)よりこれら4タイプの特徴が相当異なることが明らかなので、「中」の下位次元をさらに「**中上**」「**中中**」「**中下**」と設けてさらなる再分類を行う。

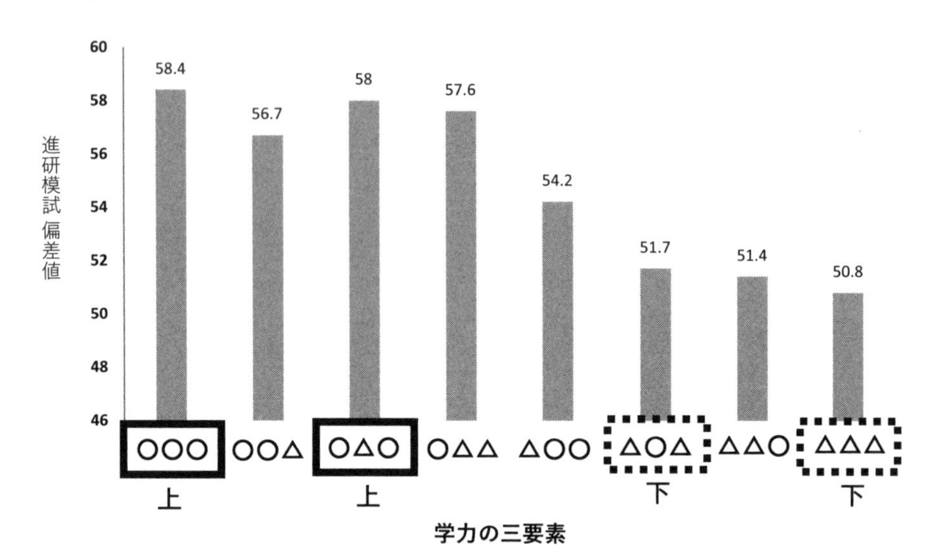

図表 2-3　学力の三要素タイプと進研模試との関連

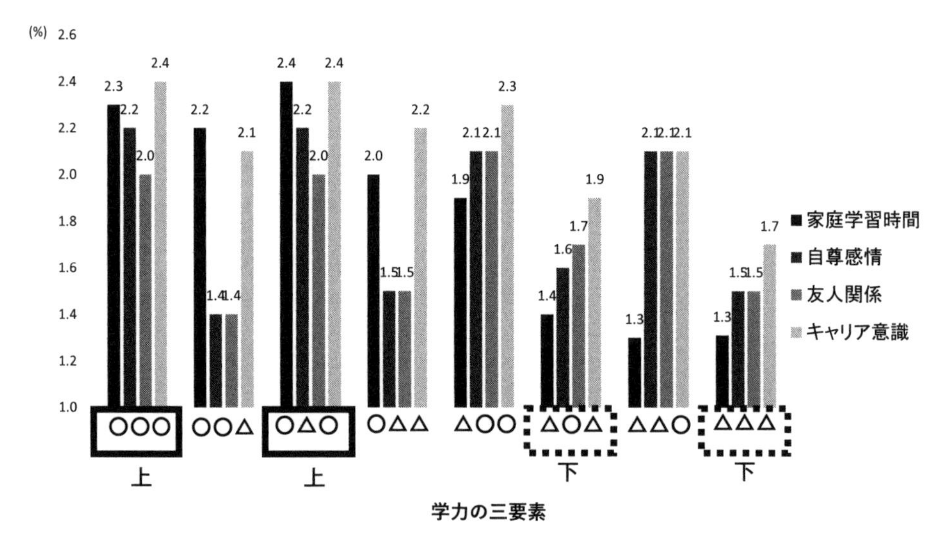

図表 2-4　学力の三要素タイプと LEADS 各項目との関連[15]

中上……△○○
中中……△△○
中下……○○△、○△△

コンピテンシーが△であることは、トランジションの実現が不十分であると見るのが本再分類の作業の前提である。従って、教科学力は高いがコンピテンシーが低い○○△、○△△を「**中下**」と再分類する。両タイプともに、教科学力は高いが(**図表 2-5**)、自尊感情、友人関係の得点がとても低いので(**図表 2-6**)、10 年トランジション調査の結果を踏まえて考えて、大学進学後の学びと成長が弱い可能性を指摘することができる。

残る△○○と△△○であるが、△○○は教科学力が不十分なので、進研模試の偏差値は全タイプの中で中程度となっている(図表 2-5)。妥当な結果である。にもかかわらず、LEADS 項目の得点は「上」と近い特徴を示しており(図表 2-6)、トランジションの観点から考えれば、大学進学後の学びと成長の可能性を期待することができる。他方で、△△○は家庭学習時間がとても短

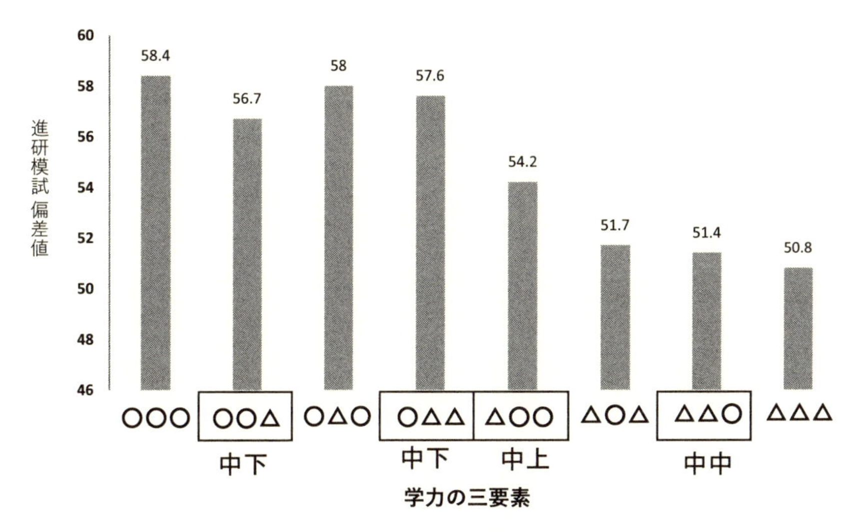

図表 2-5　学力の三要素タイプと進研模試との関連

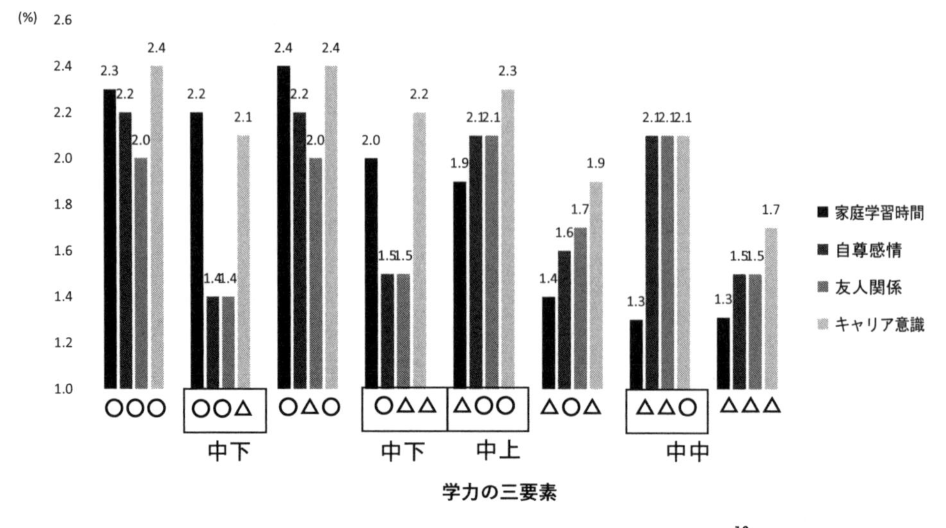

図表 2-6　学力の三要素タイプと LEADS 各項目との関連[16]

く、自律的に学べないタイプである。△○○より 1 つランクを落として再分類すべきと考えられるので、以上の結果、△○○を「**中上**」と、△△○を「**中中**」と再分類する。

(4) 桐蔭学園の事例

桐蔭学園の高校 2 年生（2018 年度）のデータ[17]を用いて、再分類した結果を示す。以下、2 つの分析結果を示す。

河合塾よりフィードバックされた学力の三要素タイプをトランジションタイプへと再分類し、高 1 生（5 月に実施）と高 2 生（12 月に実施）の「上」～「下」の割合を示したものが**図表 2-7** である。図表 2-2 で示される全国の「超進学校」「進学校」のベンチマークの数値も併せて示す。以下は考察である。

- 高 1 生から高 2 生にかけて「上」が増加し（23.8 → 35.7%）、「下」が減少している（18.9 → 14.4%）。
- ベンチマークデータと比較すると、桐蔭学園の平均（高 2 生）は、

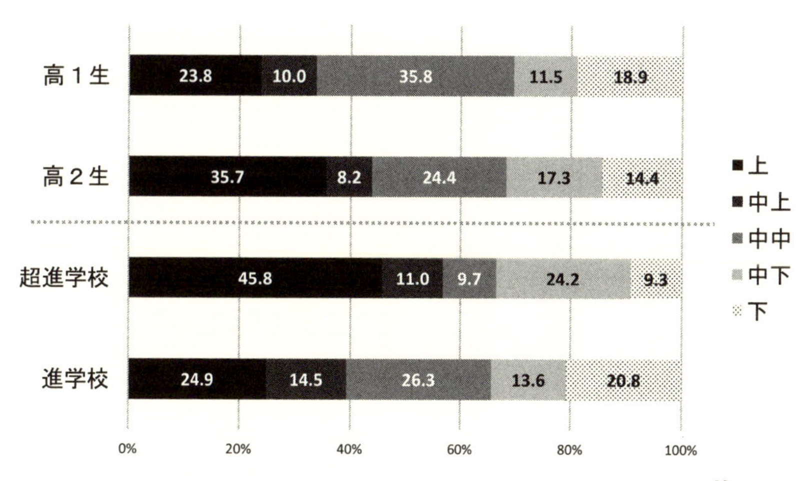

図表 2-7　高1生と高2生のトランジションタイプの割合（分析1）[18]

「上」「下」では進学校の状況より良いが、超進学校の状況には及ばない。

図表 2-8 は、同一個人の高1生から高2生へのトランジションタイプの移動を示したものである。以下は考察である。

- 高1生から高2生にかけて、「中下」「中上」から「上」へ移行した者が多く見られる（それぞれ 33.7%、38.8%）。
- しかし全体では、上→上（80.1%）、中中→中中（53.0%）、中下→中下（60.2%）、下→下（46.0%）のように、同じトランジションタイプに留まり、高1生から高2生にかけて変化しない生徒が一般的傾向として認められる。

桐蔭学園のデータを用いた分析結果は、あくまでデータ・マネジメントの例として示すものなので、これ以上の考察は行わない。**第4章**の**〈事例2〉**大手前高松、**〈事例3〉**富士市立高校でも、このトランジションタイプを用いた結果・考察がなされている。トランジションタイプの扱い方なども併せて参

		高２生					
		上	中上	中中	中下	下	計
高１生	上	**80.1**	1.0	3.5	14.4	1.0	100.0
	中上	**38.8**	18.8	18.8	7.1	16.5	100.0
	中中	18.2	14.9	**53.0**	4.3	9.6	100.0
	中下	**33.7**	2.0	0.0	**60.2**	4.1	100.0
	下	13.7	3.1	13.7	23.6	**46.0**	100.0

図表 2-8　同一個人の高１生から高２生へのトランジションタイプの移動（分析 2）[19]

考にしてほしい。

注

1　中井・鳥居・藤井編（2013）では、米国でよく紹介される J. L. Saupe の「機関の計画立案、政策形成、意思決定を支援するための情報を提供する目的で、高等教育機関の内部で行われる調査研究」という定義を冒頭で紹介している。また、小林・山田編（2016）では Saupe の定義を踏まえながらも、日本の現状に照らした「大学のミッションとその実現のための手段、とりわけ情報収集と分析」と狭義で定義をしている。なお IR（アイアール）は、カタカナで「インスティテューショナル・リサーチ」と呼ばれたり、「機関研究」「機関調査」と訳されたりもする。中井俊樹・鳥居朋子・藤井都百（編）（2013）.『大学の IR Q&A』玉川大学出版部、小林雅之・山田礼子（編）（2016）.『大学の IR －意思決定支援のための情報収集と分析－』慶應義塾大学出版会

2　中井・鳥居・藤井編（2013）を参照

3　https://www.mext.go.jp/content/20230908-mxt_daigakuc01-000031526_1.pdf（アクセス：2024 年 7 月 18 日）

4　この 10 年の文科省の高等教育政策の文書では学習を「学修」と表記している。学習成果も「学修成果」と表記される（ここでの関連でいえば『教学マネジメント指針』を参照）。本書では一般的な「学習成果」を用いて表記している。中央教育審議会大学分科会『教学マネジメント指針』（令和 2 年 1 月 22 日）

5　例えば、羽田・米澤・杉本編（2009）、深堀聰子編（2015）を参照。羽田貴史・米澤彰純・杉本和弘（編）（2009）.『高等教育質保証の国際比較』東信堂、深堀聰子（編）（2015）.『アウトカムに基づく大学教育の質保証－チューニングとアセスメントにみる世界の動向－』東信堂

6　松下(2017)を参照。松下佳代(2017).「学習成果とその可視化」『高等教育研究』, *20*, 93-112.

7　松下(2017)の図1(p.102)をもとに作成。松下(2016)も参照。松下佳代(2016).『アクティブラーニングをどう評価するか』松下佳代・石井英真(編)『アクティブラーニングの評価』東信堂　pp.3-25.

8　松下(2017)を参照

9　この状況の中でも、関西国際大学のKUISs学修ベンチマークの取り組みは先進的で参考になる(濱名, 2018, https://www.kuins.ac.jp/about/info/target.html [アクセス：2024年7月20日]を参照)。この後で紹介する品川女子学院の長期的ルーブリックの指導の参考にもしている。濱名篤(2018).『学修成果への挑戦－地方大学からの教育改革－』東信堂

10　濱名(2018)の「学生の自己評価能力をどのように高めていくのか」(p.124)を参照

11　章末の資料「『学びみらいPASS』にあるテスト」を参照

12　以下で示す結果は、2020年時点でこの作業をした時に最新のデータを用いたものである。現在、それから数年が経過しているが、資料としての価値はさほど落ちていないと判断している。

13　溝上(責任編集)(2015, 2018, 2023)を参照。溝上慎一(責任編集)京都大学高等教育研究開発推進センター・河合塾(編)(2015).『どんな高校生が大学、社会で成長するのか－「学校と社会をつなぐ調査」からわかった伸びる高校生のタイプ－』学事出版、溝上慎一(責任編集)京都大学高等教育研究開発推進センター・河合塾(編)(2018).『高大接続の本質―「学校と社会をつなぐ調査」から見えてきた課題－』学事出版、溝上慎一(責任編集)河合塾(編)(2023).『高校・大学・社会学びと成長のリアル－「学校と社会をつなぐ調査」10年の軌跡－』学事出版

14　2024年現在は、河合塾学校事業推進部キャリア教材推進チームと称されている。

15　「家庭学習時間」～「キャリア意識」の得点は、章末資料の指標説明を参照。

16　「家庭学習時間」～「キャリア意識」の得点は、章末資料の指標説明を参照。

17　桐蔭学園の高校段階は、かつて「中等教育学校」「高校男子部(理数科・普通科)」「高校女子部(理数コース・普通コース)」の大きく3つの(異なる)学校に分かれていた。しかしながら、桐蔭学園高等学校は2018年度入学者より共学化・3コース制(プログレス・アドバンス・スタンダードコース)へと改編され、それに伴い「男子部」「女子部」は募集停止された。ここでは改編前の学校の生徒たちのデータを用いて、すべてを合算して分析している。

18　ベンチマークとなる「超進学校」「進学校」の数値は図表1のものである。

19　高1生から高2生にかけて30%以上増加したセルの数値を太字にしている。

（資料）『学びみらいPASS』にあるテスト

●教科学力

(1) 英語

(2) 数学

(3) 日本語　の模試タイプのテスト

●リテラシー

(1) 情報収集力…課題発見・課題解決に必要な情報を見定め、適切な手段を用いて収集・調査、整理する力

(2) 情報分析力…収集した個々の情報を多角的に分析し、現状を正確に把握する力

(3) 課題発見力…現象や事実のなかに隠れている問題点やその要因を発見し、解決すべき課題を設定する力

(4) 構想力…さまざまな条件・制約を考慮して、解決策を吟味・選択し、具体化する力

●コンピテンシー

(1) 対人基礎力…下記3つの要素から構成される力である。

a) 親和力…相手の立場に立ち、思いやりを持ち、共感的に接することができる。また多様な価値観を柔軟に受け入れることができる

b) 協働力…お互いの役割を理解し、情報共有しながら連携してチーム活動することができる。また、時には自分の役割外のことでも進んで助けることができる

c) 統率力…どんな場・どんな相手に対しても臆せず発言でき、自分の考えをわかりやすく伝えることができる。またそのことが議論の活性化につながることを知っており、周囲にもそれをするよう働きかけることができる

(2) 対自己基礎力…下記３つの要素から構成される力である。

a) 感情制御力…自分の感情や気持ちをつかみ、状況にあわせ言動をコントロールできる。また落ち込んだり、動揺したりした時に、独自で気持ちを立て直すことができる

b) 自信創出力…他者と自分の行き違いを認め、自分の強みを認識することができる。また、「やればなんとかなる。自分がやるなら大丈夫」と自分を信頼し、奮い立たせることができる

c) 行動持続力…一度決めたこと、やり始めたことは粘り強く取り組みやり遂げることができる。またそれは自分が自分の意思・判断で行っていることだと納得をして取り組むことができる

(3) 対課題基礎力…下記３つの要素から構成される力である。

a) 課題発見力…さまざまな角度から情報を集め、分析し、本質的な問題の全体を捉えることができる。また、原因は何なのかを特定し、課題を抽出することができる

b) 計画立案力…目標の実現や課題解決に向けた見通しを立てることができる。また、その計画が妥当なものであるか、一貫した関連性があるものかを評価し、ブラッシュアップできる

c) 実践力…幅広い視点からリスクを想定し、事前に対策を講じることができる。また、得られた結果に対しても検証をし、次回の改善につなげることができる

● LEADS

(1) 家庭学習時間

Q「学校での授業以外の学習時間は？　　＿＿＿＿＿時間」

※授業に関連した宿題や課題、授業に関連しない自主学習、塾や予備校、家庭教師、自主学習など、あらゆる勉強を含む

※数値は時間の平均点

(2) 自尊感情

「私は自分に満足している」「私は自分自身に対して前向きの態度をとっ

ている」など6項目の自尊感情尺度

※評定は(4)はい～(1)いいえの4件法。得点レンジは1～4点

(3) 友人関係(5件法)

「初対面の人とでもすぐに友だちになる」「悩みごとなど相談できる友だちがいる」など3項目の友人関係尺度

※評定は(5)あてはまる～(1)あてはまらないの5件法。得点レンジは1～5点

(4) キャリア意識

「どのような進学先(大学や学部など)にするかをどの程度考えていますか」「進学先を卒業後、どのような職業に就きたいか、どのような仕事をしたいか、その見通しをどの程度持っていますか」など3項目のキャリア意識尺度

※評定は(1)よく考えている～(4)考えていないの4件法。得点化の際には1点を4点、2点を3点というように逆転処理をして計算している。得点レンジは1～4点

『学びみらいPASS』に関するお問い合わせは、河合塾の営業担当者もしくは下記にお願いします。

河合塾 学校事業推進部キャリア教材推進チーム

(email) career@kawaijuku.jp

(電話) 03-6811-5510

第3章

アンケート調査から見る全国高校のスクール・ポリシー体制、データ・マネジメントの実態[1]

本章では、本書のテーマである高校のスクール・ポリシー策定とデータ・マネジメントの全国的な組織的実態について調査した結果を報告する。**第2章**の実践を全国で推進する上での基礎資料とすることを目的とするものである。

1. 方法

(1) 実施方法

2022年6月1日〜30日にアンケート調査を実施した。全国の国公私立高校5,065校を対象とし、アンケート調査票（郵送）あるいはGoogleフォーム上での回答を求めた。有効回答数は計906校（公立661校、私立237校、国立8校）であった（回収率17.9%）。なお、度数の関係から、「国立」は分析から除外して、「公立」「私立」で結果を表示する。

(2) 調査項目

フェースシート項目で、高校の属性（設置形態、学科、大学進学の程度など）や回答者の職位などの他、学校教育目標や生徒の育成指針、データ・マネジメントの組織的運用などについて質問を行った。実際には、多くの質問がなされたが、以下では結果と考察に使う質問に通し番号を打って示していく。

(3) その他

本調査の実施にあたって、桐蔭横浜大学倫理審査を受けている(I-56(2))。

2. 結果と考察

(1) スクール・ポリシー体制の状況

『令和の日本型学校教育(答申)[2]』を受けてまとめられる図表1-6を視座として、全国の高校におけるスクール・ポリシー体制の状況について、次の2つの質問を尋ねた。

(問1) 貴校は以下の学校教育目標や生徒の育成指針などを掲げていますか。あてはまるすべての項目を選んでください。
(1) 建学の精神　(2) 校訓　(3) 学校教育目標
(4) スクール・ポリシー(とくに学校独自に育てたい生徒の資質・能力)
(5) その他

(問2)『令和の日本型学校教育(答申)』で示された「スクール・ポリシー」(とくに学校独自に育てたい生徒の資質・能力)についての対応状況をお知らせください。もっとも近い番号を選んでください。
(1) すでに対応済みである　(2) 準備中である
(3) 教育委員会等からの指示を待っている　(4) 対応の予定はない
(5) わからない　(6) その他

図表3-1を見ると、「建学の精神」は私立で圧倒的に多く(89.5%、公立19.8%)、公立と違って、なぜ学校を設立するのかを示す必要がある私立の事情が見て取れる。しかしながら、「学校教育目標」は公立95.6%、私立87.8%と、公私を問わず生徒の育成方針として掲げられており、本書のテーマである「スクール・ポリシー(とくに学校独自に育てたい生徒の資質・能力)」も公立82.5%、私立60.8%と、ある程度推進体制に移行している状況を見て取ることができる。この見方は、**図表3-2**の結果からも確認できる。スクール・ポ

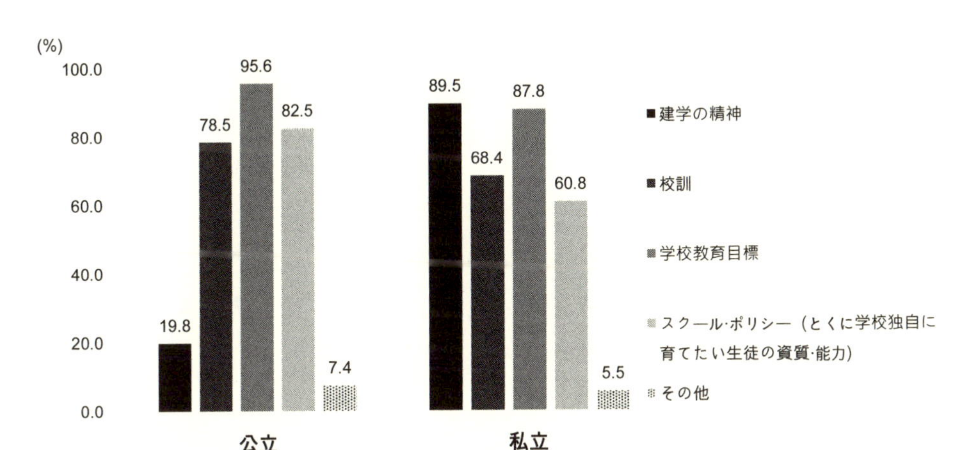

図表 3-1　生徒の育成方針を何で掲げているか（左：公立　右：私立）

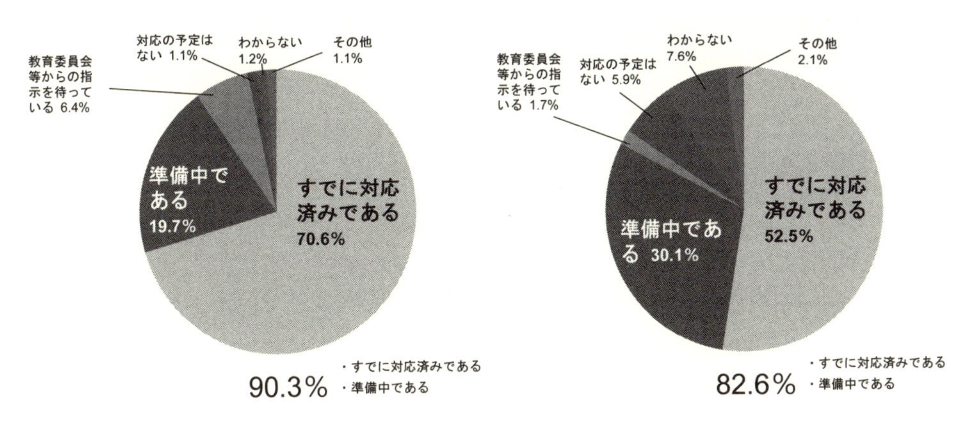

図表 3-2　スクール・ポリシーへの対応（左：公立　右：私立）

リシーへの対応を直接尋ねたところ、「すでに対応済みである」「準備中である」を合わせて、公立 90.3%、私立 82.6%の該当率である。

(2) データ・マネジメントについて

次に、本書で呼ぶところの「学習成果の評価」がどの程度できているかという組織的実態を、データ・マネジメントに関する以下の問３～６の質問を通して明らかにする。

(**問3**) 貴校におけるデータ・マネジメントの組織状況についてお尋ねします。

貴校には、たとえばアンケート結果を成績や模試の結果などと関連づけてデータ分析する委員会等の組織はありますか。あるいは教職員はいますか。もっとも近い番号を選んでください。

(1) 組織はあり、教職員もいる　(2) 組織はないが、教職員はいる
(3) 組織はなく、教職員もいない　(4) わからない

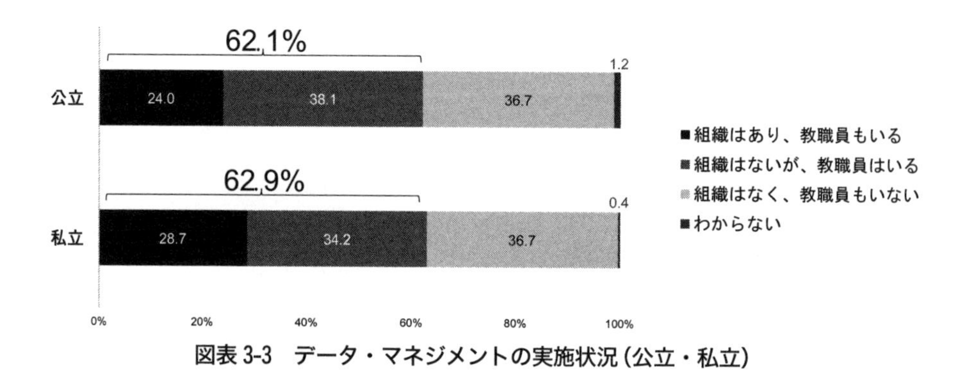

図表 3-3　データ・マネジメントの実施状況 (公立・私立)

問3の結果 (**図表 3-3** を参照) は、全国高校のデータ・マネジメントの組織的取り組みの実態を示す。「組織はあり、教職員もいる」「組織はないが、教職員はいる」を合わせると、公立で62.1%、私立で62.9%とほぼ同じ実施率であった。データ・マネジメントを扱う部署があるか、どのようなデータを扱っているかは横に置き、データ・マネジメント自体は公私を問わず全国6割の高校がすでに行っている実態を見て取れる。

それでは、どのようなデータを扱っているのだろうか。問4の結果を見ると (**図表 3-4** を参照)、「定期考査の成績、評定」(公立94.9%、私立95.8%)、「外部の模試やテスト等の結果」(公立79.6%、私立85.2%) は、公私ともに高い該当率である。要は教科学習の成果を評価するものであり、教科カリキュラム

(問４) 生徒の学習や生活態度等を把握するために収集しているデータの種類について、あてはまるすべての項目を選んでください。

(1) 入学前の成績　(2) 入学前の学習や生活態度等のデータ
(3) 定期考査の成績、評定
(4) 外部の模試やテスト等の結果
(5) 学習や生活態度、キャリア等に関するアンケート調査のデータ
(6) 保護者へのアンケート調査のデータ
(7) 学習や生活態度等に関する業者テストのデータ
(8) ルーブリック等による資質・能力のアセスメントデータ
(9) 外部の資格試験の結果（英検など）
(10) 大学等の進路先、就職先の情報
(11) 卒業生へのアンケート調査のデータ　(12) その他

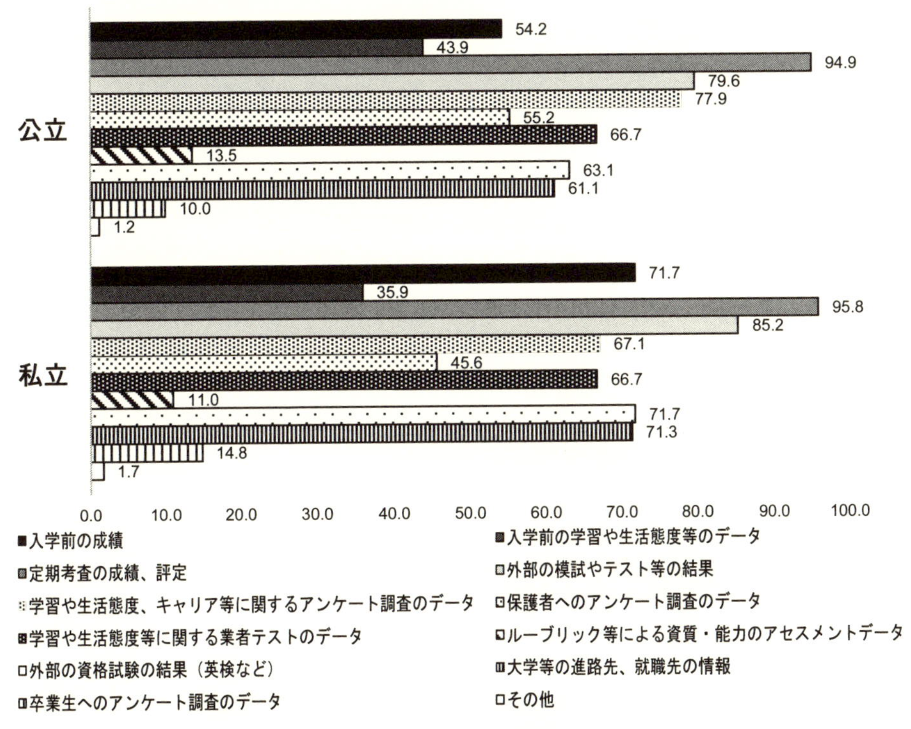

図表 3-4　扱っているデータの内容（公立・私立）

を採用している日本の学校教育（高校）において（**第1章2(2)**を参照）、当然の結果といえるものである。

公私によって若干傾向は異なるが、ほかに公私ともにある程度高い該当率の項目を拾うと、「外部の模試やテスト等の結果」「学習や生活態度、キャリア等に関するアンケート調査のデータ」「学習や生活態度等に関する業者テストのデータ」「外部の資格試験の結果（英検など）」「大学等の進路先、就職先の情報」となる。

本書の学習成果の評価に近い項目は「ルーブリック等による資質・能力のアセスメントデータ」であるが、公私ともに該当率はきわめて低い（公立13.5%、私立11.0%）。問5の結果は（**図表3-5**を参照）、学習成果の評価実態を直接尋ねたものであるが、「している」と回答したのは公立で49.0%、私立で34.9%である。図表3-4の結果とずいぶん数値が異なっており、何をもって

（問5）貴校は、質問4のデータを、学校の教育目標や生徒の育成指針に照らして分析されていますか。もっとも近い番号を選んでください。
(1) している　(2) していないが、したいと考えている
(3) していない
(4) そもそも学校の教育目標や生徒の育成指針が立っていない
(5) わからない

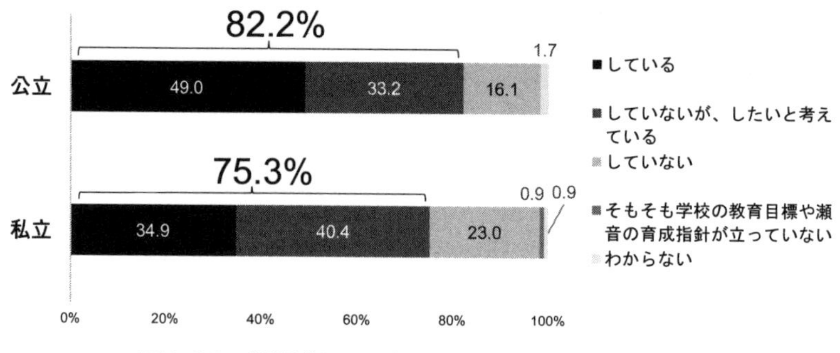

図表3-5　学習成果の評価の推進状況（公立・私立）

学習成果の評価を行っているとみているのかを明らかにする作業が今後求められる。なお、「している」「していないが、したいと考えている」を合わせると、公立82.2%、私立75.3%であり、本テーマの推進意欲については全国的にさほど悪いものではない状況も見て取れる。

最後に、これからのデータ・マネジメントで求められることを問６で尋ねた結果を**図表 3-6** に示す。公私で若干の傾向の違いはあるものの、該当率が高いのは次の４つである。

- データ分析の仕方
- データ分析する教職員の育成方法
- 異なるデータのマージ（統合）の方法
- データ・マネジメントを担う委員会の組織化

この結果は、要はデータ・マネジメントを行う担当者のスキル育成と部署の組織化の必要性を示唆するものである。高等教育のIRerのような専門家を今から高校のデータ・マネジメントで育成していくことは現実的ではないと私は考えており、また統計スキルも必要ないとさえ考えているのだが（**第２章４**を参照）、そのようなことも含めてこのテーマの今後の議論や育成体制を構築していく必要があることは確かである。今後の課題としておきたい。

（問６）学校でデータ・マネジメントを行っていく上で、いま必要とすることは何ですか。あてはまるすべての項目を選んでください。

（1）異なるデータのマージ（統合）の方法
（2）データ分析するソフトの使い方
（3）データ分析の仕方　（4）アンケート調査の作成方法
（5）ルーブリックなどアセスメント指標の作成方法
（6）スクール・ポリシーの策定方法
（7）外部テストの紹介
（8）データ・マネジメントを担う委員会の組織化
（9）データ分析する教職員の育成方法　（10）特にない　（11）その他

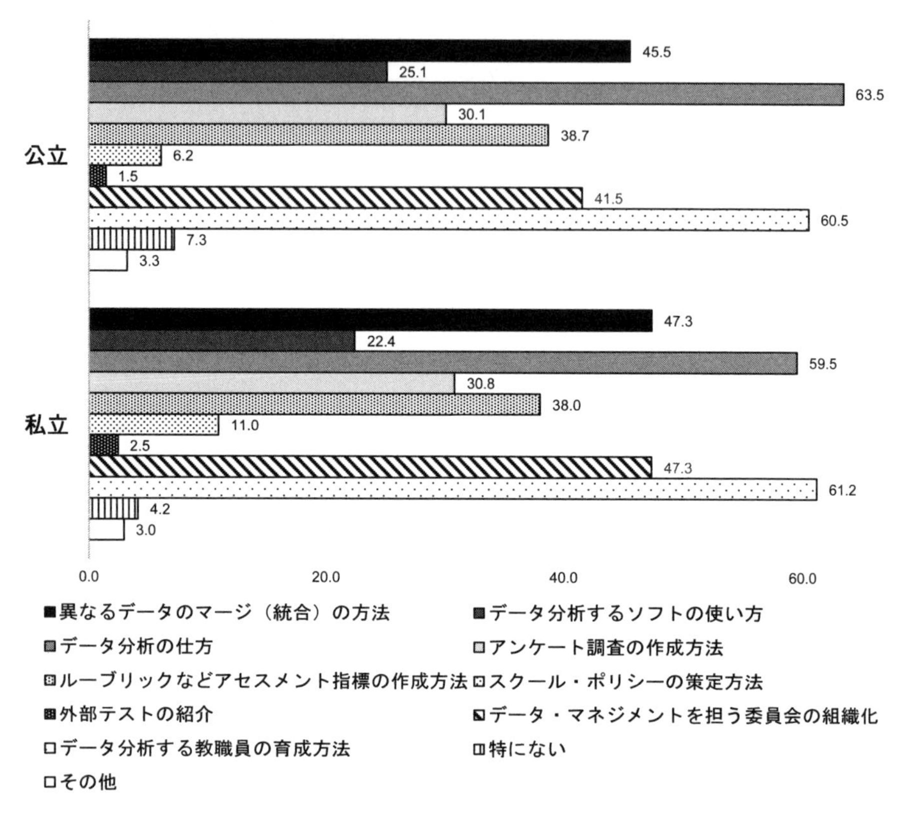

図表 3-6　これからのデータ・マネジメントで求められること (公立・私立)

注

1　本章は、三保ら (2022)、山田ら (2022) で報告されたものを再分析して論じるものである。三保紀裕・本田周二・武田佳子・溝口 侑・山田嘉徳・紺田広明・森 朋子・溝上慎一 (2022).「スクール・ポリシーに基づくデータマネジメントの実態調査」、『日本教育工学会 2022 年秋季全国大会講演論文集』、415-416 (2022 年 9 月 10・11 日、カルッツかわさき・オンデマンド)、山田嘉徳・三保紀裕・本田周二・武田佳子・溝口 侑・紺田広明・森 朋子・溝上慎一 (2022).「高等学校におけるデータマネジメントの実態調査ー高大接続におけるトランジション研究への示唆を見据えてー」大学教育学会 2022 年度課題研究集会 (2022 年 11 月 26 日、東京都立大学 オンライン)

2　中央教育審議会『「令和の日本型学校教育」の構築を目指して～全ての子供たちの可能性を引き出す、個別最適な学びと、協働的な学びの実現～（答申）』（令和3年1月26日）

第4章

事　例

事例1　桐蔭学園高等学校・中等教育学校

事例2　大手前高松中学・高等学校

事例3　富士市立高等学校

事例4　品川女子学院中等部・高等部

事例1 桐蔭学園高等学校・中等教育学校

川妻篤史（桐蔭横浜大学教育研究開発機構教授、
前桐蔭学園中等教育学校 教諭・校長補佐）

1. はじめに

筆者は、2000年の桐蔭学園入職を機に、中学・高校の国語科教員として教員人生をスタートさせた。2014年の創立50周年を目前に控え、学校が改革へと舵を切り始めたところで教務主任に指名され、その後は、学校改革推進のメンバーとして、教務部次長、教育企画室長、カリキュラムマネージャー、中等教育学校校長補佐を務めてきた。

桐蔭学園高等学校・中等教育学校（以下「桐蔭学園」）は、「新時代のフロントランナー・TOIN～自ら考え判断し行動できる子どもたち」という改革ビジョンを定めると、当時京都大学の教授であった溝上慎一先生（現・本学園理事長）を教育顧問として招聘し、アクティブラーニング型授業の導入から改革をスタートさせた。その当時、筆者が担った役割は、溝上先生と現場の教員をつなぐというものだった。大学・大学院で教育社会学を専攻し、教育に関する学術的な言葉に少々慣れていたこと、京都出身で溝上先生の関西弁にも対応できたことなどから、思いもよらない形で溝上先生と学校現場をつなぐパイプ役を担うことになった。

担当教科が国語科の筆者が、どうして統計を扱うIR（Institutional Research）にかかわるようになったのか、不思議に思われるかもしれない。大学・大学院で専攻していた教育社会学には統計を使った分野があり、当時少しばかり勉強したことがあったということで、溝上先生からIRをやってみないかと声をかけられたのがきっかけだった。とはいうものの、統計を専門に勉強してきたわけではなかったため、スタートしたIRの実践はつねに新しいことを学びながら手探りで進めていく感じであった。IRを担当する教職員は、かならずしもその道のスペシャリストである必要はなく、きっかけと学び続けたいというマインドがあればだれもが担当可能である。本章が皆さんのIR実践スタートのきっかけになることを期待しながら、筆者が学校改革の中で担ってきたIRの実践について紹介していきたい。

2. 桐蔭学園の学校改革——走りながら考えるカリキュラム・マネジメント

桐蔭学園の学校改革は、改革ビジョン「新時代のフロントランナー・TOIN～自ら考え判断し行動できる子どもたち」のもと、多様化する変化の激しい社会に出てからも活躍できる人物を育てる「新しい進学校のカタチ」を目指すことになる。アクティブラーニングの導入を皮切りに、新時代のフロントランナーとして、数々のことに挑戦してきた。それはまさに、トライアル&エラーの連続であった。トライアル&エラーというのは、「走りながら考える」ということだ。この「走りながら考える」というセリフは、溝上先生から改革初期に言われた言葉である。しかし、教員というのはエラーを好まない。「しっかり考えを固めてから、慎重に歩く」ことを好む。だが、本当に教育においてトライアル&エラーは許されないものなのか。本書のテーマであるカリキュラム・マネジメントとは、このトライアル&エラーのことを指しているのでないかというのが今の筆者の考えである。教育現場でトライアル&エラーが認められないならば、エビデンスに基づきながらPDCAサイクルを回すカリキュラム・マネジメントは実現できない。

もちろん、教育において理念は重要である。しかし、理念それ自体がさまざまな現場の問題の解決策を用意してくれるわけではない。理念があっても、その理念を実践につなぐ不断の努力なくしては、理念は具体的な実践として体現されない。皮肉にも、明確な理念を持って臨めば臨むほど、問題が解決するどころか、どんどん取り組むべき問題が見出され、増えていく。改革をスタートさせた当初、「走りながら考える」という言葉の意味をまだ理解しきれていなかったように思う。というのも、いずれ明確な答えが出ることを期待して、差し当たり走りながら考えることが必要だという程度の意味でしか理解していなかったからだ。しかし今は、こうした理解が間違っていたと断言できる。明確な答えなどは存在せず、これからもずっと「走りながら考える」しかない。

3. 桐蔭学園の学びの柱——アクティブラーニング型授業・探究・キャリア教育

桐蔭学園は、次の3つを学びの柱として設定している。①アクティブラーニング型授業、②探究(「未来への扉」)、③キャリア教育。

「アクティブラーニング型授業」では、すべての授業の20%にアクティブラーニングを入れることにしており、より効果的なアクティブラーニング型授業を目指して、「個－協働－個」のスタイルをとって授業を行うこと、ふり返りを行うこと、「前に出て発表」を取り入れることを学校方針としている。

多様化する変化の激しい社会を生き抜く力を育成するには、答えのない問いに向かう力が求められる。こうした力を育てるために、「探究(「未来への扉」)」が2つ目の柱に据えられている。高1の1学期に探究のための基礎スキルを習得し、2学期からは希望するゼミに分かれて個人・グループで研究を行う。高1の3学期に研究計画書を作成した上で、高2から本格的なリサーチをスタートし、高2の2学期にはそれまでの成果を「みらとび発表会」(「みらとび」は「未来への扉」の略称)で発表する。最後は、高2の3学期で論文を執筆する。本校では「探究」を、「どの教科にも分類できないが、どの教科にも必要なもの」と位置づけており、あらゆる教科の中心に位置する「要となる歯車」のような存在と考えている。

3つ目の柱「キャリア教育」では、将来への見通しを持って、今何をすべきかを理解し、実行することができる力の育成を目指している。これは、溝上先生の「二つのライフ」という考え方をベースにしている。高1で一度社会を見据えた上で、高2で大学の学問とつながり、高3で自分の未来へと具体化させる流れになっている。ジョブシャドウイング、研究室シャドウイングといったキャリアイベント実施だけでなく、LHRを使ったキャリアデザインの授業、「1分間スピーチ」や「毎日のふり返り」といった日常的なプログラムも行っている。

4. 桐蔭学園の構造化された目標

桐蔭学園では、改革ビジョンを起点として、スクールポリシー・学校グランドデザインから科目別年間シラバス・単元別シラバスへとブレイクダウンさせた構造を次のようなピラミッド図（**図表 4-1-1**）で表している。

改革ビジョンをスクールポリシーに具体化し（**図表 4-1-2**）、さらにそれをわかりやすく図式化して表現したのが学校のグランドデザインである（**図表 4-1-3**）。そこには、「何ができるようになるか」、「何を学ぶか」、「どのように学ぶか」という観点に加え、「目指す生徒たちの姿」も明示されている。

なお、ここで注意したいのは、スクールポリシーや学校グランドデザインが改革の前から万全に整備されていたわけではないという点だ。これらは、「走りながら考える」なかで作り上げられてきたものであり、特に「育てたい資質・能力（学校教育目標）」については、検討にあたりさまざまな議論を経て、

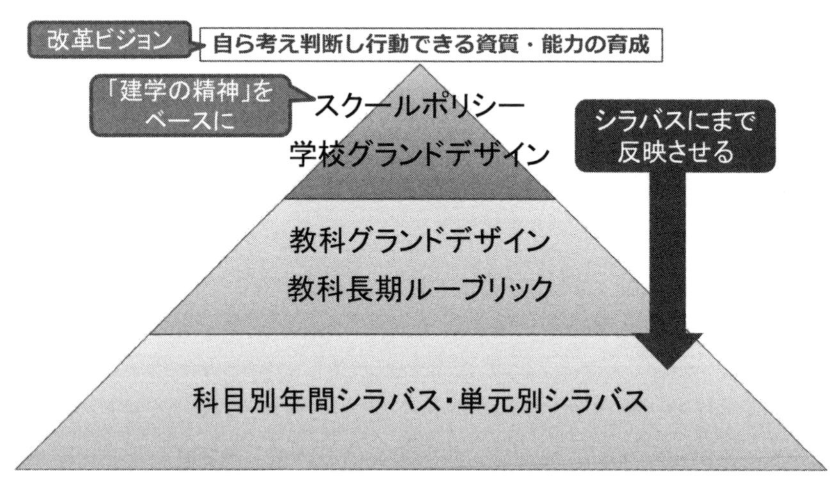

図表 4-1-1　育てたい資質・能力のピラミッド構造

①育成を目指す資質・能力に関する方針
本校では、「社会に生きる主体として自ら考え判断し行動できる資質・能力の育成」という教育目標に基づき編成された教育課程において、所定の単位を履修及び習得するとともに、その学修成果として以下に掲げる要件を満たした生徒に対して校長が卒業を認定します。
○他者を承認した上で、多様な人たちと協働できる
○学び続け問い続けながら、探究することができる
○自己を知り、将来の見通しを持って自らを高めることができる
○未知に挑み、出会いを生かして世界を広げることができる

②教育課程の編成及び実施に関する方針
○３年間という限られた期間のなかで、生徒たちが楽しみながら学び合い、一人ひとりが成長を実感できるカリキュラムを編成します。
○「個-協働-個」の学習サイクル、「リフレクション」、「前に出て発表」を取り入れたAL型授業を通して、学力の３要素（基礎的な知識・技能、問題解決のための思考力・判断力・表現力、学びに向かう力）をバランスよく育成します。
○教科カリキュラムや授業外プログラムを通して、日常の学習の積み重ねのなかで、基礎学力の定着を図り、大学受験に対応できる応用力を育成します。
○問題解決に挑む探究学習プログラムを通して、学び続け問い続けながら探究できる資質・能力を育成します。
〔１年次〕基本的な探究スキルの習得・ゼミ活動
〔２年次〕ゼミ活動・発表・論文執筆
○日常のHR活動や学校行事、大学・社会につなぐさまざまキャリア教育プログラムを通して、自己を知り、将来の見通しをもって自らを高めることができる資質・能力を育成します。

③入学者の受入れに関する方針
本校では、教育目標に基づき編成された教育課程を通し、「社会に生きる主体として自ら考え判断し行動できる資質・能力の育成」を目指しています。そのため、中学校卒業程度の学力とともに、基本的な生活習慣を有し、特に次に掲げる資質を有する生徒を求めています。
・課題に真面目に取り組み、知的好奇心をもって掘り下げようとする
・仲間を思いやり、協力し合おうとする
・出会いを自らの成長に活かし、進路実現に向けて前に進もうとする

図表 4-1-2　桐蔭学園高校 スクールポリシー

【育てたい資質能力】（学校教育目標）
社会に生きる主体として自ら考え判断し行動できる資質・能力の育成
①他者を承認した上で、多様な人たちと協働できる
②学び続け問い続けながら、探究することができる
③自己を知り、将来の見通しを持って自らを高めることができる
④未知に挑み、出会いを生かして世界を広げることができる

生徒たちの持つ潜在的資質
・課題に真面目に取り組もうとする
・仲間を思いやり、協力し合おうとする
・知的好奇心をもって掘り下げようとする
・進路実現に向けて前に進もうとする
・出会いを自らの成長に活かそうとする

発達段階に応じた指導
指導方法
・AL
・探究
・キャリア教育

目指す生徒たちの姿
・自ら考え判断し行動している
・他者を承認し、協働している
・学び続け、問い続けて探究する
・自己を知り、将来の見通しをもつ
・未知に挑み、世界を広げている

何を学ぶ
☑学力の3要素を育てる教科カリキュラム
基礎的な知識技能
問題解決のための思考力判断力表現力
学びに向かう力
※大学受験にもしっかり対応
☑問題解決に挑む探究学習プログラム
☑大学・社会につながるキャリア教育

どのように学ぶ
☑AL型授業（言語活動）
個-協働-個／リフレクション／前に出て発表
☑探究
ゼミ活動／発表／論文執筆
☑キャリア教育
HR活動／１分間スピーチ／活動日誌／学校行事／キャリア宣言／プレゼン型面談

図表 4-1-3　桐蔭学園高校 グランドデザイン

ようやく策定に至ったというのが実際のところである。検討を始めた当初は、盛り込みたい候補の言葉の数が膨れ上がり、とてもまとめることなどできない状況に陥ってしまった。そこで、巷にあふれかえる言葉を探すというやり方をあきらめ、原点に戻るにした。その原点とは、建学の精神である。建学の精神こそが学校のDNAにあたるもので、この根幹のところからスタートするのがよいということになった。ただし、建学の精神をそのまま学校の目標として設定しても時代にマッチしたものにならないため、「自ら考え判断し行動できる子どもたちの育成」という改革ビジョンをベースに、現代にマッチした形で書き換える形で検討を進めた。できるかぎり難しい言葉を避け、教職員だけでなく生徒や保護者にも浸透するものを目指した。

スクールポリシーと学校グランドデザインの下に位置付けられるのが、教科グランドデザインと教科長期ルーブリックである。ここでは英語科の実例を示す（**図表4-1-4**①、②）。

教科グランドデザインの下には、科目別年間シラバス・単元別シラバスが位置付けられる。シラバスについては、授業における具体的な達成目標が示されるものであり、それらが「育てたい資質・能力（学校教育目標）」に合致するものになっているかどうか、絶えずチェックしていく必要がある。なお本校では、学校グランドデザインから科目別シラバスにいたるまでを一元的に管理できるGoogleサイトを立ち上げ、WEB上で、教職員・生徒・保護者がいつでも自由に参照できるようにしている。

カリキュラム・マネジメントの観点から言えば、ピラミッド構造において横の層の関連性を意識している学校は多い。しかし、しっかりとした構造をつくるには、縦のつながりも大切になってくる。縦のつながりがしっかりとしていなければ、学校全体が「育てたい資質・能力（学校教育目標）」という同じ方向に動き出すことはできない。私が務めたカリキュラムマネージャーという役職のもっとも大きな仕事は、学校がしっかりと目指すべき方向に進んでいるか、ピラミッド構造の縦のつながりをチェックすることにあった。こうした仕事は、一般的には副校長や教頭といった管理職が担うことになる。

ピラミッド構造の各目標が設定できたところで、次に行うべきは、目標の

教科で育成すべき資質・能力のグランドデザイン（高校）

作成:　英語科

【学校教育目標】
社会に生きる主体として自ら考え判断し行動できる資質・能力の育成
①他者を承認した上で、多様な人たちと協働できる
②学び続け問い続けながら、探究することができる
③自己を知り、将来の見通しを持って自らを高めることができる
④未知に挑み、出会いを生かして世界を広げることができる

【学力の三要素】
①基礎的な知識・技能
②思考力・判断力・表現力
③学びに向かう力

A:何ができるようになるか（育てたい資質能力）

○ 外国語による聞くこと、読むこと、話すこと（やりとり、発表）、書くことの言語活動及びこれらを結び付けた統合的な言語活動を通して、情報や考えなどを的確に理解したり適切に表現したり伝え合ったりするコミュニケーションを図ることができる

○ 主体的、自律的に学び続けることができる
○ コミュニケーション活動を通して、他者を承認し協働することができる
○ 異文化を理解し、発信することができる

B:生徒たちの実態

語彙・表現力が未熟である
単語レベルでの受け答えしかできない
見本をまねることはできるが、応用して自分のことを表現できない
正確に英文を読みとることができない
正確に英語を聞き取ることができない
英語に対して苦手意識を抱いている

D:どのような指導を行うか

AL活動と課題を有効に利用して、語彙・文法・構文についての基礎知識を定着させる
題材と言語材料に関連して、外化につなげる良質な問を設定し、解決するプロセスを提示することにより、問題解決の手法を身につけさせる
問について意見交換の場を設け、様々な視点を共有できるようにする
安心して発言できるよう場を作る

C:目指す生徒たちの姿

伝えたいことを的確に他者に伝える（話す・書く）ことができる
英語で書かれたテキストを読んだり聞いたりして、著者・話し手の主張を正確に理解できる
問題意識を持ち、自分の意見を発信するツールとして英語を使用することができる
聞き手、読み手、話し手、書き手に配慮しながら、主体的、自律的に外国語を用いてコミュニケーションを図ろうとすることができる

E:何を学ぶか（教育課程の編成、学習内容）

・音声についての知識
・語彙についての知識
・表現についての知識
・文法についての知識
・聞いた英文の内容のまとめ方
・読んだ英文の内容のまとめ方
・英文の論理構成、展開を把握する方法
・自分の意見や主張を他者とやりとりする方法
・読んだ英文について、自分の意見や主張をまとめる方法
・目的や場面に応じて、英文を書く方法
・目的や場面に応じて、英文を話す方法
・英文の背景にある文化
・多様な見方・考え方
・適性・好みに応じたテキストを選ぶ方法

F:どのように学ぶか（教育課程の実施、学習方法）

1.教科書を用いて、ラウンド方式により、5技能をバランスよく身につける
　「理解する」「表現する」「伝えあう」活動を行う
　・授業開始時のスモールトーク
　・リスニングで内容理解や要約をする
　・読解で内容についての問に答える
　・音読を繰り返す
　・本文を日本語から瞬時に英語に直す
　・自分の意見を書き共有し発表する
2.多読指導により、易しい英文を大量に読む
　前から読んで理解する
3.構文・精読教材を用いて、正確に読む力をつける
4.読解教材を用いて、パラグラフの構成・文脈把握の力をつける
5.文法を正確に使いこなす力をつける
6.状況を与えて英文を瞬時に作り、話し書く力をつける
7.和文英訳で正確に書く力をつける
　課題作文でアイデアの出し方、パラグラフ構成を伴った説得力ある英文を書く力を身につける
8.英語特有の音の変化の特徴を知り聞き取る力をつける
9.語彙を整理する単語集・熟語集を用いて、小テスト定期テストで繰り返し定着を図る

G:実施するために何が必要か

ひな形としての授業形態の理解=つけたい力と教授法のリンクを意識する
教材ごとのよりよい教授方法の研修
目標と評価が一致する問題・課題作り

桐蔭学園

図表 4-1-4 ①　桐蔭学園高校 教科グランドデザイン

LEVEL			LEVEL 1	LEVEL 2
Reading		知識技能	異文化理解につながる基礎的な文章や身近な話題についての文章を辞書を使いながら読むことができる。 平易な物語文を辞書なしで読める。	現代的な話題の評論文を辞書を用いながら読むことができる。 物語文や興味のある分野の本を自分で選び、読み進めることができる。
		思考表現判断	異文化理解につながる基礎的な文章、身近な話題についての文章、平易な物語文の概要をつかむことができる。	現代的な話題の評論文から必要な情報を読み取り、書き手の意図を把握することができる。
Listening		知識技能	日常的な話題について、話される速さや、使用される語句や文、情報量などにおいて、多くの支援を活用すれば、聞き取ることができる。 学習した内容についての質問を聞き取ることができる。	日常的・社会的な話題について、話される速さや、使用される語句や文、情報量などにおいて、多くの支援を活用すれば、聞き取ることができる。
		思考表現判断	学習した内容に関する質問やそのテーマにそった文章を聞いて、話し手の意図や質問の趣旨を把えることができる。	日常的・社会的な話題についての文章を聞いて、必要な情報を聞き取り、話し手の意図や質問の趣旨を把えることができる。
Writing		知識技能	関心のある事柄について、簡単な語句や文を用いて書くことができる。 日常的な話題について、事実や自分の考え、気持ちなどを整理し、簡単な語句や文を用いてまとまりのある文章を書くことができる。	日常的、社会的な話題について、多くの支援を活用すれば、基本的な語句や文を用いて、情報や考え、気持などを論理性に注意して文章に書くことができる。
		思考表現判断	上記の知識技能を用いて、目的・場面・状況に応じて文章を書くことができる。	上記の知識技能を用いて、目的・場面・状況に応じて文章を書くことができる。
Speaking	Presentation	知識技能	関心のある事柄について、簡単な語句や文を用いて即興で話すことができる。 日常的、社会的な話題について、事実や自分の考え、気持などを整理し、簡単な語句や文を用いてまとまりのある内容を話すことができる。	日常的・社会的な話題について、使用する語句や文、事前の準備などにおいて、多くの支援を活用すれば、基本的な語句や文を用いて、情報や考え、気持などを論理性に注意して話して伝えることができる。
		思考表現判断	上記の知識技能を用いて、発表した内容について、意見や感想を伝えることができる。	上記の知識技能を用いて、発表した内容について、質疑応答したり、意見や感想を伝え合うことができる。
	Interaction	知識技能	関心のある事柄について、簡単な語句や文を用いて即興で伝え合うことができる。 日常的、社会的な話題について、事実や自分の考え、気持ちなどを整理し、簡単な語句や文を用いて伝えたり、相手の質問に答えたりできる。	日常的、社会的な話題について、使用する語句や文、対話の展開などにおいて、多くの支援を活用すれば、基本的な語句や文を用いて、情報や考え、気持などを話して伝え合うやり取りを続けることができる。
		思考表現判断	上記の知識技能を用いて、場面・状況に応じて話し合うことができる。	上記の知識技能を用いて、場面・状況に応じて話し合うことができる。
英検級			3級	準2級
CSE スコア			1103+353	1322+406
CEFR			A1	A2
多読レベル			~YL 0.8	~YL 1.2

図表 4-1-4 ② 桐蔭学園高校 教科長期ルーブリック

世界に発信する国際人たれ

LEVEL 3	LEVEL 4
平易な説明、評論、物語、随筆などを辞書なしで速読することができる。 抽象的な説明文、評論文や、こみいった物語文、随筆などを辞書を使って精読することができる。 意味のかたまりを意識して読むことができる。 小説や説明文を類推しながら読むことができる。	掲示物・メール・手紙文などの多様な英文を辞書なしで理解できる。 人文・社会・自然科学に関する文章や、時事問題に関する文章を辞書をあまり使わずに精読することができる。 英語の構造と英文全体の構造を理解しながら、書き手の意図を正確に読みとることができる。
説明文、評論文、物語文、随筆などを読み、必要な情報を読みとり、書き手の意図を把握することができる。	掲示物・メール・手紙文、または、人文・社会・自然科学に関する文章、時事問題に関する文章を読み、必要な情報を読み取り、書き手の意図を把握することができる。
日常的・社会的な話題について、話される速さや、使用される語句や文、情報量などにおいて、一定の支援を活用すれば、聞き取ることができる。	日常的・社会的な話題のインタビューやニュースや講義・講演について、話される速さや、使用される語句や文、情報量などにおいて、支援をほとんど活用しなくても、聞き取ることができる。
日常的・社会的な話題について聞いて、必要な情報を聞き取り、概要や要点、詳細を目的に応じて捉えることができる。	日常的・社会的な話題のインタビューやニュースや講義・講演を聞いて、必要な情報を聞き取り、話しの展開や話し手の意図を把握したり、概要や要点、詳細を目的に応じて捉えることができる。
日常的、社会的な話題について、一定の支援を活用すれば、基本的な語句や文を用いて、情報や考え、気持などを論理性に注意して文章に書いて伝えることができる。	日常的・社会的な話題について、支援をほとんど活用しなくとも、多様な語句や文を目的や場面、状況などに応じて適切に用いて、概要や要点をまとめたり、情報や考え、気持などを明確な理由や根拠とともに複数の段落からなる文章で詳しく書いて伝える方法を知り、書くことができる。
上記の知識技能を用いて、目的・場面・状況に応じて文章を書くことができる。	上記の知識技能を用いて、目的・場面・状況に応じて文章を書くことができる。
日常的、社会的な話題について、使用する語句や文、事前の準備などにおいて、一定の支援を活用すれば、基本的な語句や文を用いて、情報や考え、気持などを論理性に注意して話して伝えることができる。	日常的、社会的な問題について、使用する語句や文、事前の準備などにおいて、支援をほとんど活用しなくても、多様な語句や文を目的や場面、状況などに応じて適切に用いて、情報や考え、気持ちなどを明確な理由と根拠とともに、論理的に詳しく話すことができる。
上記の知識技能を用いて、発表した内容について、質疑応答したり、意見や感想を伝え合うことができる。	上記の知識技能を用いて、発表した内容について、質疑応答したり、意見や感想を伝え合うことができる。
日常的、社会的な話題について、使用する語句や文、対話の展開などにおいて、一定の支援を活用すれば、基本的な語句や文を用いて、情報や考え、気持などを話して伝え合うやり取りを続けることができる。	日常的、社会的な話題について、使用する語句や文、対話の展開などにおいて、支援をほとんど活用しなくても、多様な語句や文を目的や場面、状況などに応じて適切に用いて、情報や考え、気持などを詳しく話して伝え合うやり取りを続け、会話を発展させることができる。
上記の知識技能を用いて、場面・状況に応じて話し合うことができる。	上記の知識技能を用いて、場面状況に応じて、話し伝えあうことができる。
2級	準1級
1520+460	1792+512
B1	B2
～YL 2.2	～YL 4.9

CSEスコアは、1次(RLW)+2次(S)で表記している。
ASコースはLevel1～、PコースはLevel2～スタートする。

達成状況を確認しながら、PDCAサイクルを回すことだろう。そこで必要になってくるのが、カリキュラム・マネジメントとしてのIRである。

そもそもIRの目的は、データを活用してより成果に結びつく学校経営を実現することにある。データを活用して直面している問題の原因を探り、目標を達成するために求められる本質的な課題を設定することで、より効果的で具体的な解決策を導き出す。さまざまな仮説を立て、それをもとに課題を設定し、集めたデータを整理・分析して解決策を見出し、その成果をまとめて関係者(生徒・保護者・教職員)にフィードバックする。こうしたIRの取り組みは見事に探究学習のプロセス「課題の設定⇒情報の収集⇒整理・分析⇒まとめ・表現」と一致する。IRは、まさに学校現場における探究活動と言っていい。

5. 桐蔭学園IRによる「学びと成長」の検証

(1) 学業成績×模試

まずは、学業成績、模試のデータを活用した事例を紹介したい。ここでいう学業成績のデータとは、通知表や指導要録の評価欄のもとになる成績を指す。本校の場合、定期考査の得点やパフォーマンス課題の得点、主体的に学習に取り組む態度の評価などがこれに該当する。学業成績は高いが模試の成績は低いということになれば、学業成績が進学校として適切なものとなっているか疑問符がつくだろう。本校では、学業成績と模試の関連を見るために、学期スコア(小テストの得点、パフォーマンス課題の得点、期末考査の得点を合算したもの)と模試成績(GTZ)との相関を調べ、回帰分析を利用して模試に換算したときの推定GTZを算出している。「GTZ(学習到達ゾーン)」とは、ベネッセのアセスメント(進研模試やスタディサポート等)で用いられている学力指標で、それぞれのゾーンに合格可能性が40～60％の目安となる大学が対応するように作られており、大学受験を想定した学力状況を見る指標として利用しやすい。分析の結果、どの科目も学業成績(学期スコア)と模試との間に相応の相関が見られ、ある程度妥当な評価が行われていることがわかった。

さらに、学業成績（学期スコア）から算出した推定GTZをもとに、それぞれのランクごとの最低点を一覧にまとめて、教員で共有できるようにしている。こうしたデータは、学期末に行われる成績会議の資料となっており、授業改善のためのふり返りの資料として用いられている。

(2)「学期末ふり返りアンケート」のデータ活用

アクティブラーニング型授業では日々の授業のふり返りを重視しているが、本校では期末考査後もふり返りの場面を設定できるよう、全校一斉で科目別の学期末ふり返りアンケートを実施している。内容としては、アクティブラーニング型授業への取り組みをふり返ることができる、次の4つの項目に回答する形となっている。①授業に主体的に取り組めたか、②協働する場面で学びを深めることができたか、③ふり返りを次の学びにつなげることができたか、④授業内容を理解することができたか。

このふり返りアンケートは、生徒自身が自分の学びをふり返るために実施されているが、授業担当者は授業クラスごとにまとめられた集計を閲覧できるようになっており、私たち教職員にとっても授業改善のふり返りに役立てられるようになっている。

(3) 生徒対象「学びに関するアンケート」の分析

年に1回、高校3年・中等6年は12月、それ以外の学年は1月に、全校生徒を対象にした「学びに関するアンケート」を実施している。質問項目は15分程度で回答できる分量に収め、毎年見直しを行っているが、「育てたい資質・能力（学校教育目標）」に関わる設問については経年変化も追えるよう、できるかぎり設問を変えず調査している。2022年度は、11分類（①授業、②授業外学習、③自己評価、④評価対象、⑤探究、⑥キャリア教育、⑦放課後、⑧キャリア意識、⑨自己調整学習、⑩グリット、⑪レジリエンス）80問の質問項目で実施した。

アンケートの実施後はできるかぎり速やかに、コース・学年ごとの状況がわかる単純集計を教職員に配信している。このようなアンケート調査は多くの学校で実施されているだろうが、単純集計を行うだけで終わることも多い。単純集計は生徒たちの実態把握には役立つが、効果検証を行うには十分なものとは言えない。分析にあたっては、因子分析などを用いた複雑な分析も可能だが、単純なクロス集計による分析であっても問題ない。アンケートの項目同士の関連をクロス集計してみたり、他のデータと紐づけてクロス集計してみたりするのもいいだろう。この後のIR分析の取り組み紹介で実例を示すので参考にしてほしい。

(4) 教科学力以外の資質・能力を測定する「学びみらいPASS」の活用

本校では、河合塾の「学びみらいPASS」を実施して、学力の三要素（教科学力・リテラシー・コンピテンシー）を総合的に測定できるようにしている（**図表4-1-5**）。リテラシーとは、考える力を指し、探究的な学習や日常的な学習で伸びる力である。コンピテンシーとは、行動する力を指し、社会で活躍する上で重要になってくる力である。高校では高1の春と高2の冬に実施しており、生徒たちの成長を確認している。ここでは、学びみらいPASSを用いたデータ分析を紹介したい。分析にあたっては、教科学力とコンピテンシーの観点から「上」「中上」「中下」「下」の四段階にカテゴライズし、高1から高2でどのように変化したのか、生徒の成長を見ている。図中のグラフからわかる通り、教科学力は向上しているが、コンピテンシーが伸びていない。

では、どのようにすればコンピテンシーは伸ばせるのか。まずは、アクティブラーニング型授業とコンピテンシーとの関連を探ることにした。ここでは、生徒対象「学びに関するアンケート」で調査したアクティブラーニング型授業に関する質問項目（「授業で意見を聞いて考える」、「授業のふり返りが次の学びにつながっている」）とクロス集計させた分析を紹介したい（**図表4-1-6**）。この結果をみると、コンピテンシーが△⇒○になった生徒たちの方が、授業で意見を聞いて考える傾向にあり、また、ふり返りを次の学びにつなげられていることがわかる。

この結果は、アクティブラーニング型授業を通してコンピテンシーを育てていきたいと考える本校としてはとても興味深い。また、アクティブラーニ

模試では測れない
教科学力以外の「学力」にも注目　高1・高2で実施

考える力＝リテラシー

・情報を集める力（情報収集力）
・情報を分析する力（情報分析力）
・課題を見つける力（課題発見力）
・解決策を考える力（構想力）

▼

探究的な学習や日常学習で伸びる力
（学年が上がると伸びる傾向あり）

行動する力＝コンピテンシー

・人と関わる力（対人基礎力）
→親和力・協働力・統率力
・自分をコントロールする力（対自己基礎力）
→感情制御力・自信創出力・行動持続力
・ふり返り、主体的に取り組む力（対課題基礎力）
→課題発見力・計画立案力・実践力

▼

容易に伸びない力だが、社会で活躍する上では重要な力

教科学力とコンピテンシーの観点から4つに分類
①**上**（○△○+○○○）　→教科学力・コンピテンシーともに○
②**中上**（△△○+△○○）→教科学力△、コンピテンシー○
③**中下**（○△△+○○△）→教科学力○、コンピテンシー△
④**下**（△△△+△○△）　→教科学力・コンピテンシーともに△

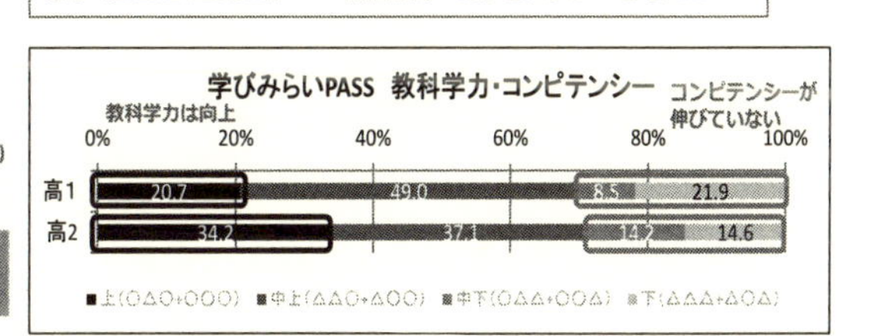

図表 4-1-5　教科学力以外の学力も測定できる「学びみらい PASS」

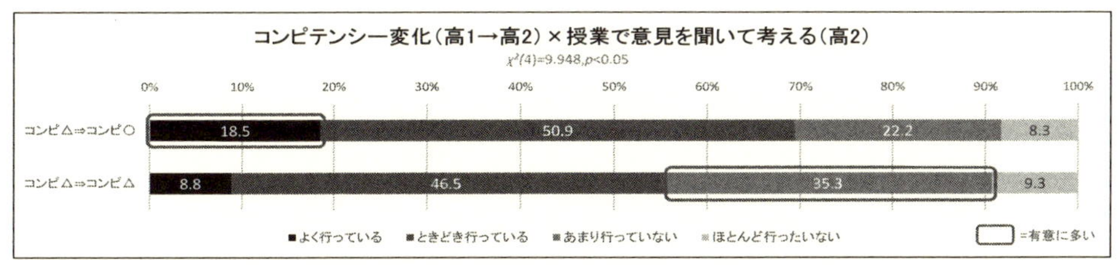

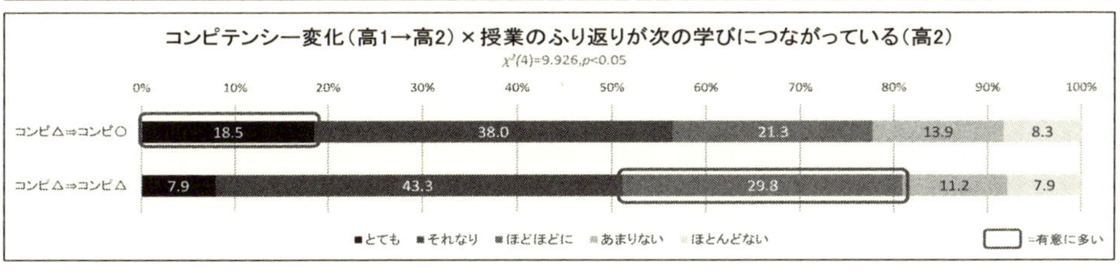

図表 4-1-6

ング型授業だけでなく、探究、キャリア教育についてもクロス集計で分析したところ、同じようにコンピテンシーと関連していることがわかった（**図表4-1-7**）。こうした結果を踏まえると、コンピテンシーを伸ばすカギが学びの3本柱であるアクティブラーニング型授業・探究・キャリア教育にあると言えそうである。

では、リテラシーについてはどうだろうか。問題解決のスキルを学ぶ「探究（「未来への扉」）」がリテラシー向上に寄与しているのではないかという仮説を立て、クロス集計で分析を行なってみた（**図表4-1-8**）。しかし、結果は仮説と異なり、関連が見られなかった。

この結果が判明したとき、探究科主任に急いで連絡をとったのを覚えている。探究科の主任もこの結果にショックを受けた様子で、現在、探究のカリキュラムや授業の進め方の見直しを行っているところである。データの分析が授業改善に向かう大きな力になった一例といえるだろう。

現在、学びみらいPASSについては、「育てたい資質・能力（学校教育目標）」を学校全体としてアセスメントする指標として利用できないか、検討を進め

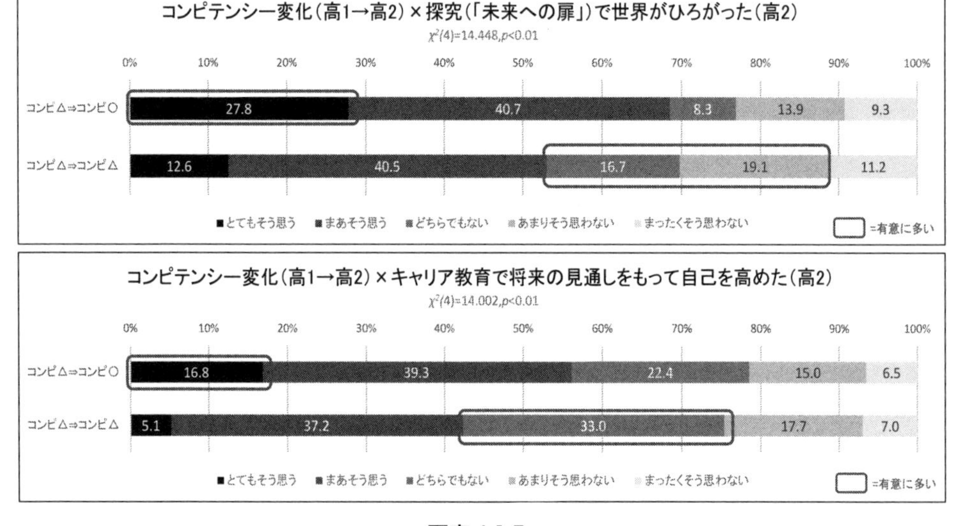

図表4-1-7

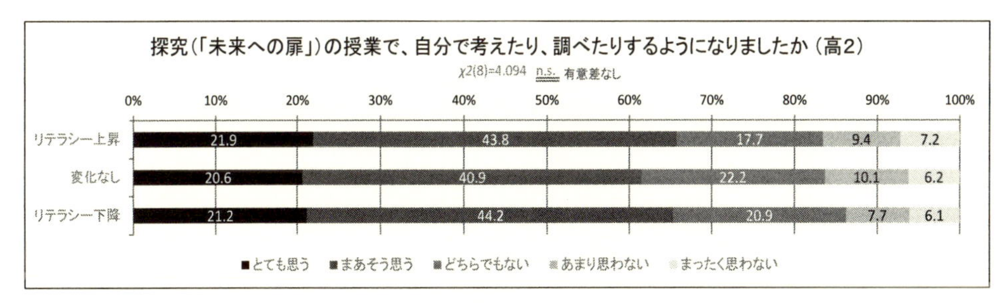

図表 4-1-8

ている。「育てたい資質・能力(学校教育目標)」の内容は、それ自体抽象度が高いため指標として用いるのが難しい。アセスメントするためのルーブリックを作成してそれに基づいて評価している学校もあるが、ルーブリックの作成から評価の実施に至るまで相当な労力を要する。本校のような大規模校で実施するとなれば、なおさら難しい。まだ仮説の段階ではあるが、「育てたい資質・能力(学校教育目標)」と学びみらいPASSの指標との間に下の表(**図表 4-1-9**)のような関連があると見ており、生徒アンケートのデータも交えなが

学びみらいPASS指標一覧

PROG-H	リテラシー		情報収集力	①
			情報分析力	②
			構想力	③
			課題発見力	④
	コンピテンシー	対課題	課題発見力	⑤
			計画立案力	⑥
			実践力	⑦
		対人	親和力	⑧
			協働力	⑨
			統率力	⑩
		対自己	感情制御力	⑪
			自信創出力	⑫
			行動持続力	⑬
LEAD	志向性		友人関係	⑭
			自尊感情	⑮
			キャリア意識	⑯

「育てたい資質能力（学校教育目標）」と学びみらいPASS指標の関連性

「育てたい資質能力（学校教育目標）」	学びみらいPASS指標
他者を承認した上で、多様な人たちと協働できる	⑧⑨⑩⑭
学び続け問い続けながら、探究することができる	①②③④⑤⑥⑦⑪⑬
自己を知り、将来の見通しを持って自らを高めることができる	⑪⑫⑬⑮⑯
未知に挑み、出会いを生かして世界を広げることができる	⑤⑥⑦

図表 4-1-9　「育てたい資質・能力(学校教育目標)」と学びみらい PASS 指標の関連性

ら、今後はこれらの関連性について検証を進め、学びみらいPASSの指標を用いて学校全体のアセスメントを行い、学校改善に向けたPDCAサイクルを回していきたいと考えている。

(5) 学校をあげた英検の取り組み

次に紹介するのは、英検取得と模試結果の関連を調べた分析である。本校では、英検の取得を奨励しており、「英検DAY」という名称で校内イベントとして準会場受験できるようにしている。こうしたことから、IRの一環として数学・国語も含めた3科目の総合成績にどのような影響を与えているのかを分析してみることにした(2020年度高校2年のデータを使用)。

図表4-1-10の通り、高1までに英検2級を取得することが英数国3科目の成績上位者の成績維持に寄与していることがわかった。逆に、英検の取得無しは成績下降の割合が高い。こうした結果を見るかぎり、英検取得を促すことが英語以外の科目を含めた学習督励につながっているといえる。

また、高1までに英検2級を取得することと将来への見通しをもつことと

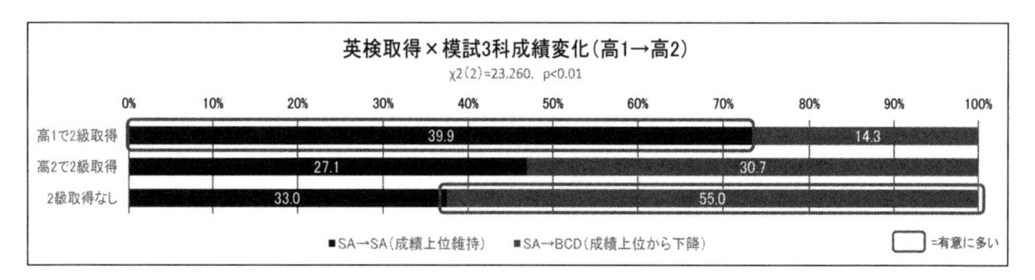

図表4-1-10

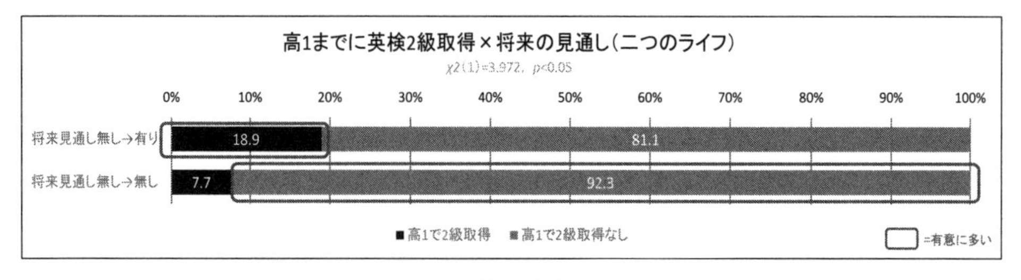

図表4-1-11

の関連も分析した。英検２級取得が自分の将来への見通しを持つキャリア意識向上のきっかけになるのではないかと考えたからである。**図表 4-1-11** の通り、高１までに英検２級を取得することが「将来の見通し（二つのライフ）」をもつことにつながっていることがわかり、英検が英語学習としてだけでなく、キャリア教育として重要なものと位置付けられることが示された。

こうした結果を教職員にフィードバックしたところ、学校全体で英検取得に取り組む意義がわかったといった声が寄せられるようになった。英検を学校の取り組みとして始めた当初は、学校全体として取り組むのはしんどいと考える教職員も多かった。そうしたなか学校としても、英検取得の奨励を学校方針として継続した方がいいのか、判断が求められた。しかし、今回の分析を通して、英検取得が英数国３科目の学力維持、キャリア意識向上につながっていることが明らかになり、これが英検取得奨励という学校方針の継続を決める大きな材料となった。

(6) 大学受験合格実績データの活用

進学校では、大学受験合格実績のデータを模試の成績と紐づけて分析することが多い。これにより、どの程度の模試の成績であれば、どのレベルの大学に合格できるかといったことが明らかにできる。しかし、こうした分析では、学校の取り組みが大学受験合格に与える影響について明らかにできない。ここでは、大学合格実績のデータを生徒対象の学びに関するアンケートや学びみらい PASS のデータと紐づけた上で、学校の取り組みがどの程度大学受験合格に影響を与えたかを明らかにした IR 分析を紹介したい。

次に示すのは、桐蔭学園高等学校の 2022 年３月卒業時の大学合格実績（GMARCH 以上現役合格と非該当）のデータを、高２次の「アクティブラーニング型授業（意見交換・前に出て発表・ふり返り）」とクロスさせたものである（**図表 4-1-12**）。

一見すると、GMARCH 以上合格の方が非該当より意見交換・前に出て発表・ふり返りをよく行っているように見えるかもしれないが、統計的には有意差が認められなかった。しかし、**図表 4-1-13** を見てもらいたい。英語の

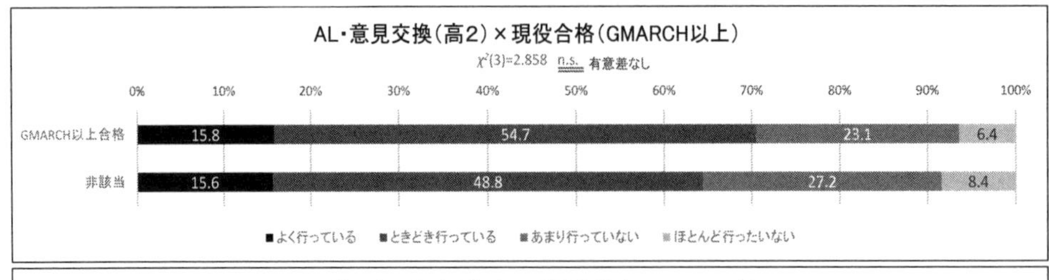

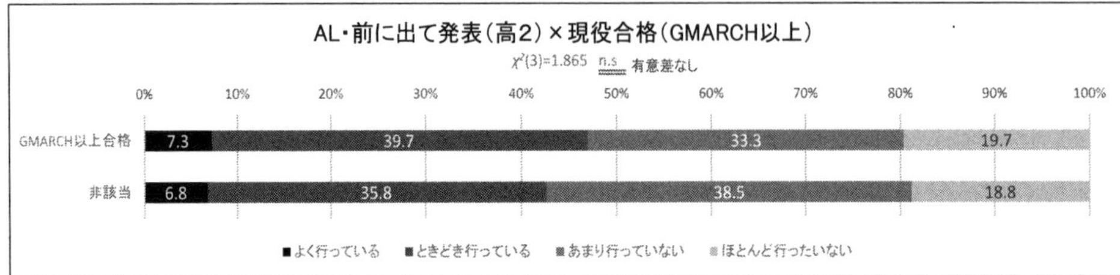

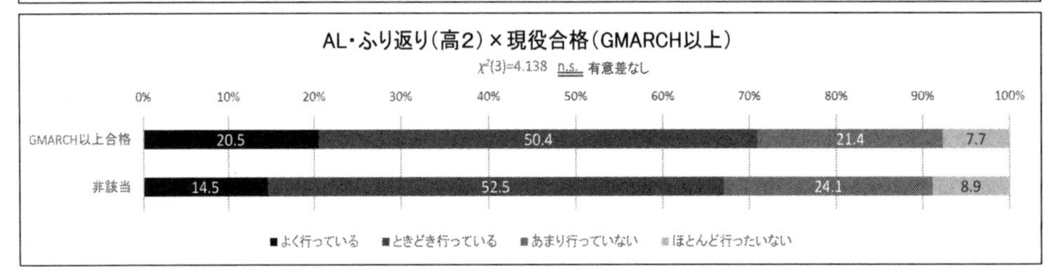

図表 4-1-12

授業理解とGMARCH以上合格との間には関連が認められた。紙面の都合上、すべての教科のデータをここで示すことはできないが、どの教科も同じ傾向が見られ、関連が認められた。

こうした結果をまとめると、次のように言えるだろう。意見交換・前に出て発表・ふり返りを取り入れたアクティブラーニング型授業を実施しても、それが直接GMARCH以上の合格にはつながるわけではないが、アクティブラーニング型授業が授業理解につながるものとなれば、それはGMARCH以上現役合格につながる可能性がある。学校としては、こうした結果を踏まえ、形だけのアクティブラーニング型授業にならないよう、「個－協働－個」「ふり返り」を通してしっかりと授業理解が促される授業を目指すことを大切にしている。

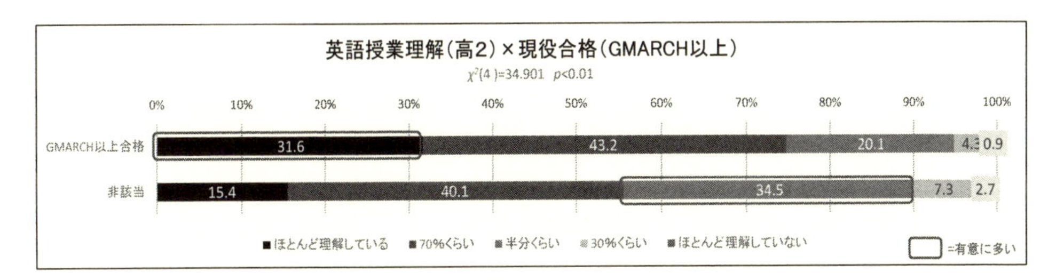

図表 4-1-13

キャリア教育と大学受験結果との関連については、「二つのライフ」とクロスさせて分析した。

図表 4-1-14 を見てわかる通り、GMARCH 以上合格には、高 2 で「将来に見通しを持っており、何をすべきか理解しており、それを実行している」生徒が多い。しかし、高 1 では関連がみられなかったことからみて、かならずしも早くキャリア意識をもって行動できるようになった方が大学受験に有利というわけではないことがわかる。キャリア教育のプログラムを検討したり、生徒たちを指導したりする際には、念頭においておきたいポイントといえる。

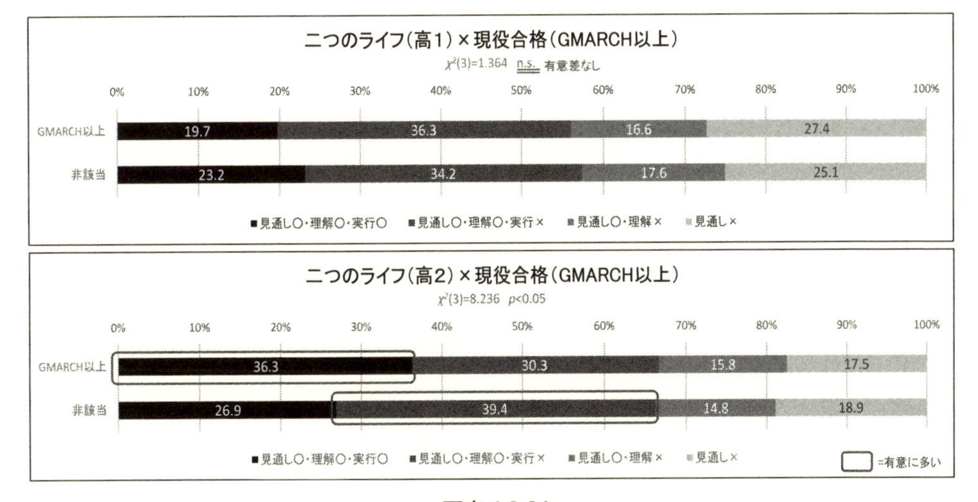

図表 4-1-14

本校では、こうした分析結果を踏まえ、慌てずステップを踏んで進められるキャリア教育のプログラムに編成し直した。

「探究（「未来への扉」）」についても、現役合格とのクロス集計を行った（**図表 4-1-15**）。GMARCH 以上合格は、非該当に比べて、「探究（「未来への扉」）の授業が実社会・実生活での問題解決に活かせそう」と感じている割合が高い。しかし残念ながら、「探究（「未来への扉」）で仕事や職業に対する関心や考え方が明確になったか」については、「まったくそう思わない」が有意に多い。GMARCH 以上の難関大学に合格する生徒たちにとって、探究は問題解決のスキルを学ぶものという認識はあっても、自分の将来のキャリアに関わるものという認識は持てていないということだろう。

そこでさらに、高２次に公募推薦・総合選抜での受験を希望していた生徒たちに限定して分析してみた（**図表 4-1-16**）。そうすると、GMARCH 以上合格者は、非該当者にくらべて、探究（「未来への扉」）の授業が大学での学びに活かせそうと思う者が多いことがわかった。この結果は、公募推薦や総合選抜での受験を希望する生徒たちが大学入学後の学びを想定しながら探究に取り組んでいることを示唆しており、とても興味深い。一般受験を考えている生

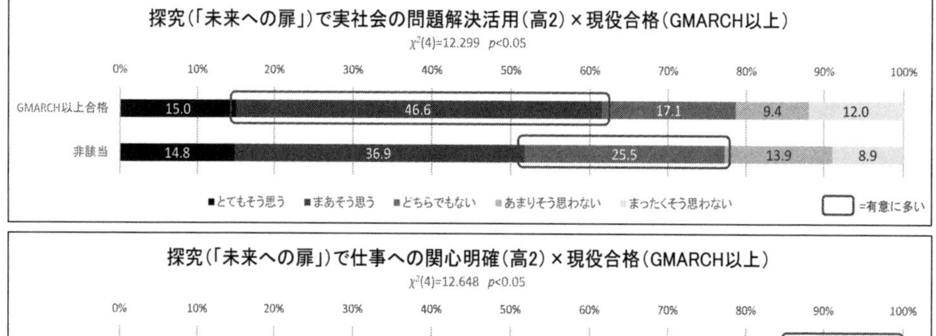

図表 4-1-15

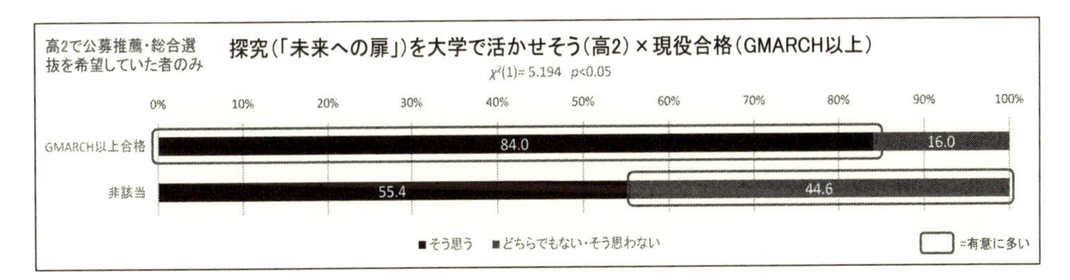

図表 4-1-16

徒と公募推薦・総合選抜を考えている生徒との間で乖離が進んでいる可能性が考えられ、一般受験を考えている生徒たちにとっても、探究が大学での学びに活かせるものとして認識できるよう、学校としての対応を検討していかなければならない。

6. 教職員へのフィードバックによる学校改善

分析結果を学校改善に活かすには、教職員へのフィードバックが求められる。教職員へのフィードバックは、集計報告と分析報告の２段階で考えるのがよいだろう。集計報告は、全項目に関する単純な集計を報告するもので、速報性が問われる。こうした集計報告をいち早く作成することで、今後のアンケート実施への協力も得られやすくなる。アンケート調査の場合、どのような形で集計するかをあらかじめ決めておくなどの工夫で、迅速なフィードバックが可能となる。

分析報告は、仮説を検証する形で行うのが理想的である。そして、網羅的に全ての項目を分析するよりも、特に注目したい項目に絞り込んで分析を行い、それを報告としてまとめるのがよい。しかしながら、事前にどのような項目を取りあげるのがよいのかはっきりしない場合も多い。分析のスタートに際しては、さしあたりさまざまなデータについて関連性を見てみるというのも必要な手続きだろう。すべての項目の組み合わせで相関係数を算出してみたり、クロス表をつくってみたりすると、思ってもみないところで面白い関連がみつかったりする。アンケートの場合は、実施回数を重ねるごとに、ある程度分析すべきものがはっきりとしてくるので、そうしたものは定番として毎回分析していくことになる。

本校では、集計報告や分析報告を教職員にフィードバックする際、次のような手順をとっている。まずは校長･副校長･教頭への報告からスタートする。そこでは、単なる報告で終わらないよう、自由な意見交換の時間を設けている。校長は、意見交換の内容も踏まえて、学校運営が目指している方向に進んでいるかを確認し、時には必要に応じて学校方針の見直しも行う。その後、校長・副校長・教頭以外の管理職も交えた場で改めて報告が行われ、校長から学校としての見解が示される。最後に、教職員全体に対して集計報告、分析報告が配信されることになるが、その前に管理職にはこれらの集計や分析について自分の言葉で一般教員に説明ができるようお願いしている。管理職が自分の言葉で説明できないようであれば、現場の教職員への理解浸透は難しい。「〜らしいです」といった他人事のような言い方で説明するようでは、エビデンスに基づいた学校の改善などは見込めない。

教職員全体への配信は、Google サイトを活用している。当初は、PDF 化したものをメール等で配信していたが、現在は Google スプレッドシートで集計データや分析データを作成し、Google サイトで教職員向けに限定公開している。このような形を取ることで、情報を集約しておけると同時に、いつでも自由に閲覧できるようになった。

筆者がカリキュラムマネージャーを務めていた 2 年間は、教職員向けに「カリキュラムマネジメント通信」を発行し、週 1 回のペースでメール配信していた。内容としては、カリキュラム・マネジメントに関わるさまざまな話題を 5 分程度で読める記事にまとめたもので、その中に集計報告や分析報告で配信済みのデータを紹介する記事も入れるようにした。教職員に集計報告や分析報告を配信しても、それなりの分量があるため、それらを丁寧に見てもらうことが難しい。そこで、解説を交えた形で少しずつ提示すれば、より多くの教員に集計結果や分析結果に接してもらえるのではと考えた。こうした工夫が功を奏してか、記事を配信した後には「データの意味がわかった」、

「あのデータ、説得力あるね」といった感想が寄せられるようになった。こうした声は、分析を続けていく上で大きなモチベーションになった。

7. 今後の課題

桐蔭学園の高校版IRはまだまだ始まったばかりで、データベースの整備や生徒・保護者へのフィードバックといった多くの課題が残されている。しかしながら、何よりも大事なことは、IRの取り組みを継続していくことである。意気込みすぎてデータを集めることや分析すること自体が目的になってしまうと、継続は難しい。できるところから、探究活動のように楽しみながら、少しずつ進めていくというぐらいのスタンスで臨むのがよいだろう。

最後に、教職員のデータサイエンス力に関する課題を挙げておきたい。IRではパス解析などデータサイエンスの専門的な知識が求められる領域もあるが、大半はシンプルなクロス集計で十分対応できる。集めたデータから仮説を立ててクロス表をつくり、検定（カイ2乗検定や残差分析）などを用いて分析するといった基礎的な力があれば問題なくカリキュラム・マネジメントを進めることができるだろう。もちろん、こうした基礎的なデータサイエンスの力は、分析者だけでなく、一般の教職員全員にも求められる。分析結果の表やグラフを見て、それらを適切に読み取ることができなければならない。本校の場合、クロス集計表にはカイ2乗検定や残差分析の結果を記載しているが、それは少しずつこうした記載に慣れていってもらうことが大切だと考えているからである。折しも、探究的な学びにおいてデータサイエンスの重要性が叫ばれる昨今、私たち教職員がデータサイエンス音痴ではこれからの社会を力強く生き抜く子どもたちを育てることはできないだろう。私たちは、データにも強い教育の探究者として、IRの実践を続けていくことが求められているといえる。

事例 2　大手前高松中学・高等学校

合田意（[香川県] 大手前高松中学・高等学校 教諭・前教育企画部長）

1. 学校紹介

本校は香川県高松市にある私立の中高一貫校で、生徒数は中学が 177 名、高校が 715 名（R5 年 9 月末現在）である。全員が 4 年制大学への進学を目指す進学校で、R5 年入試では国公立大学に 82 名が合格した（卒業生 204 名）。建学の精神は「品位ある人格の陶冶と、力の教育とを伝統とし、知性情操の両全を目指し、公共の福祉に貢献できる、指導的社会人を育成せんとする。」である。

IR を専門的に行う部署は無く、AL 型授業や探究学習などを推進する部署である「教育企画部」の一つの業務として IR を行っている。IR に使用するデータとなる河合塾の「学びみらい PASS」は H30 年度の高 1 より受験をはじめ、現在では中学の「みらい PASS ジュニア」も含めて、中 1 から高 3 までの全学年が毎年 1 回、4 月に受験している。

2. IR を始めた経緯

本校では新入試対策の一環として、H26 年度より年次進行で 1 人 1 台端末の導入を開始し、H27 年度に「2020 年入試制度対策委員会」という校務分掌ができて AL 型授業の推進やプレゼン大会の開催などを始めた（なお、同委員会は H29 年度に「高大連携改革推進部」となり、委員会から部に昇格。R1 年度から「教育企画部」と名称変更している）。H30 年度より総合的な学習の時間を探究学習へシフトし始めるなど、教育内容の改革を進めてきた。そうした改革の成果として、入学者数の増加や、国公立大学合格者の増加、なかでも国公立大学への総合型（AO）・推薦型選抜での合格者の増加などが見られた。

しかし、学校の実態を見て個人的に感じることとしては、AL型授業が少しは浸透したものの、依然として授業はチョークアンドトークが中心であり、教員のマンパワーに依存する国公立大学の2次指導や、教員主導のルール策定や行事運営などが行われており、建学の精神で謳っているような指導的社会人、それもこれからの時代を切り拓いていくようなリーダーを育成できているようには思えなかった。ただ、それはあくまで個人の感覚であり、本当にそうなのかどうかや、改善すべき点はどこなのかを明らかにする必要があるという課題感を抱えていた。そんな中で、この高校版IRパイロット校の話を溝上先生からいただき、ぜひこれは進めたい、ということで管理職と理事長に話を通して進めていくこととなった。

3. トランジションタイプの分析

本校の教育活動がどのように効果を上げているかを可視化するために、トランジションタイプの分析を行った。分析にあたって使用したデータについて述べる。

学びみらいPASSの中で学力の三要素の1つ目の要素である教科学力を測定する「Kei-SAT」を本校では受験しない。そこで、教科学力に関しては全校で受験している進研模試のデータを利用することとした。なお、○と△の境目をどこにするかについて考えたときに、「偏差値」は受験者の母集団によって変動しうることを考慮し、Benesseの独自指標である「GTZ」（学習到達ゾーン）を採用することとした。GTZは目標とする大学群と関連付けられており、比較的母集団の影響を受けづらいと考えられるためである。GTZはS1～D3までの15段階で評価されるが、このうち国公立大学の合格を狙えるラインであるB1以上を○とすることとした。

学力の三要素の2つ目のリテラシー、3つ目のコンピテンシーについては学びみらいPASSのPROG-Hのデータを利用した。

高1・高2のデータは7月の進研模試と4月に受験する学びみらいPASSのデータを結合することで、三要素の「○○○」～「△△△」を判定した。高3のデータは、本校の特性として高3で文系が3教科型と5教科型に分かれて数学を受験しなくなる生徒が出てくるため、全員が国数英の3教科を受験している高2の1月進研のデータを高3の年度当初の教科学力であるとして、高2の1月の進研模試と高3の4月の学びみらいPASSのデータを結合することで判定することとした。

その後、溝上先生の分類に従い、「○○○」と「○△○」を「上」、「△○○」を「中上」、「△△○」を「中中」、「○○△」と「○△△」を「中下」、「△○△」と「△△△」を「下」というトランジションタイプに分類して、本校生徒の入学後の学年進行での変化を可視化した。その結果を**図表4-2-1**に示す。なお、「超進学校」、「進学校」、「中堅校」、「進路多様校」のデータは河合塾のベンチマークデータである。

このデータから見えてきたこととしては大きく次の2点が挙げられる。

「上」の割合から本校は進学校と超進学校の間の水準にあるといえる。一方で、「中中」の割合は中堅校程度の水準にあるといえる。つまり本校は優等生タイプも多いが、部活や友人関係に熱心なタイプも多い学校であるといえる。

どの年度の入学生も高1春～高3春にかけての2年間で「上」が減少して、「下」が増加してしまう傾向がある。こうしたことを生んでしまう構造的な問題があることが推測される。この問題の原因を考えるため、2018～2021の4か年の入学生について、高1春→高3春の2年間の変化についてクロス集計したものを**図表4-2-2**に示す。

これらのデータから「上」の減少は、以前は「中上」・「中中」へという教科学力の低下と、「中下」へというコンピテンシーの低下が近い割合であったのが、次第に「中上」・「中中」へという教科学力の低下の方に比重が寄ってきていることが読み取れる。つまり、以前はコンピテンシーの育成にやや課題があったのが、最近ではむしろコンピテンシーの育成は比較的うまく行っているが、教科学力の伸長の方に改善すべき点があるのではないかというこ

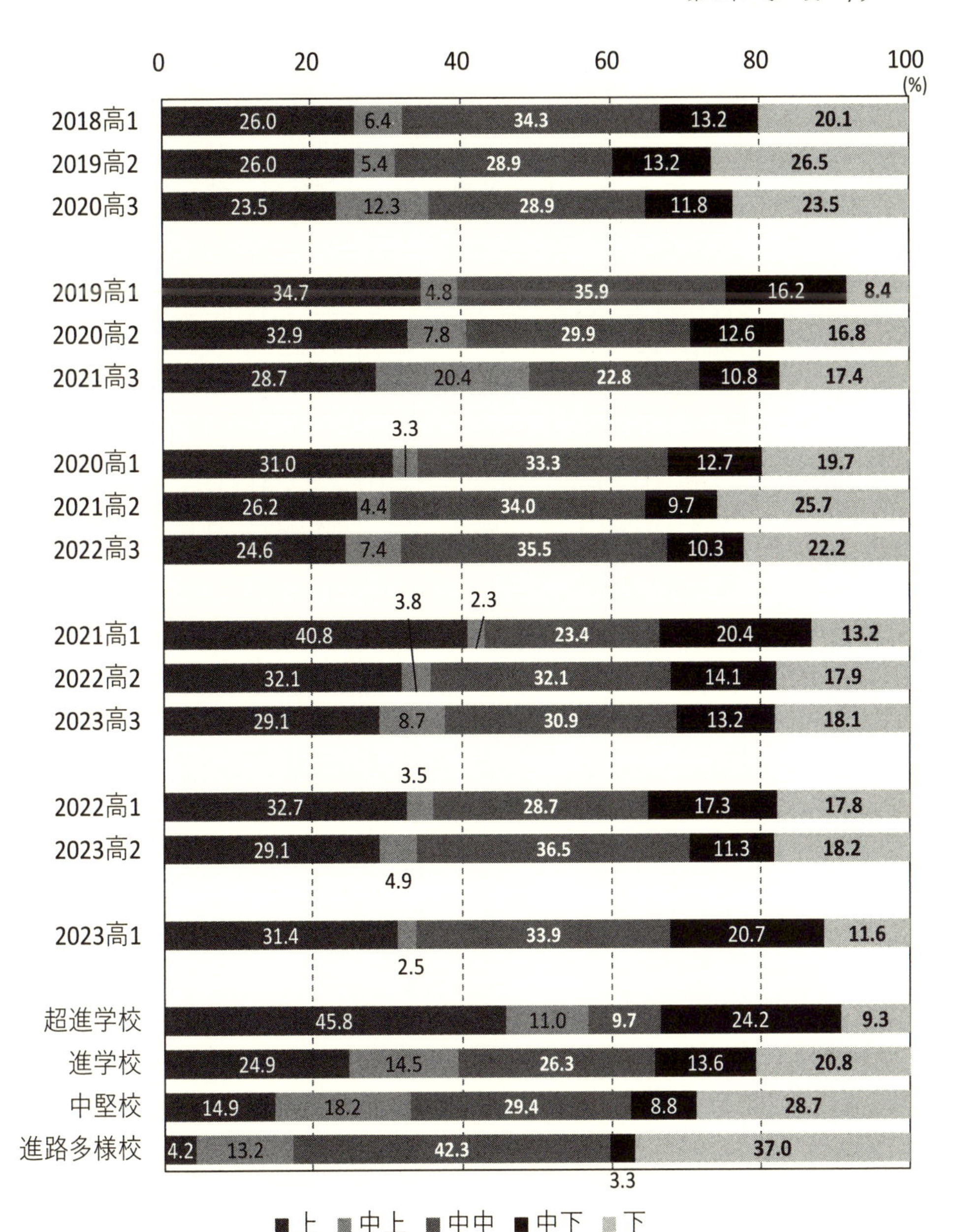

図表 4-2-1　学年進行から生徒の入学後のトランジションタイプの変化

2018年度入学生		高3 上	高3 中上	高3 中中	高3 中下	高3 下	計	
高1	上	36	6	2	7	2	53	○○○ or ○△○
	中上	1	1	7	0	4	13	△○○
	中中	5	11	44	0	10	70	△△○
	中下	5	3	1	14	4	27	○○△ or ○△△
	下	1	4	5	3	28	41	△○△ or △△△
計		48	25	59	24	48	204	(人)

2019年度入学生		高3 上	高3 中上	高3 中中	高3 中下	高3 下	計	
高1	上	33	11	2	8	4	58	○○○ or ○△○
	中上	0	4	4	0	0	8	△○○
	中中	5	16	30	0	9	60	△△○
	中下	10	2	0	9	6	27	○○△ or ○△△
	下	0	1	2	1	10	14	△○△ or △△△
計		48	34	38	18	29	167	(人)

2020年度入学生		高3 上	高3 中上	高3 中中	高3 中下	高3 下	計	
高1	上	37	6	10	8	1	62	○○○ or ○△○
	中上	1	0	0	0	3	4	△○○
	中中	1	5	50	1	6	63	△△○
	中下	9	1	2	11	4	27	○○△ or ○△△
	下	1	2	6	1	28	38	△○△ or △△△
計		49	14	68	21	42	194	(人)

2021年度入学生		高3 上	高3 中上	高3 中中	高3 中下	高3 下	計	
高1	上	59	12	25	9	2	107	○○○ or ○△○
	中上	0	2	2	0	2	6	△○○
	中中	5	4	39	0	14	62	△△○
	中下	12	1	4	25	11	53	○○△ or ○△△
	下	1	4	11	0	19	35	△○△ or △△△
計		77	23	81	34	48	263	(人)

図表 4-2-2 トランジションタイプの2年間の変化(高1→高3)

とが新たに分かった。

一方、「下」の増加は、高1時に「中中」であった生徒が高3時に「下」に変化している部分が多いことも見えてきた。つまり高1で教科学力やリテラシーは高くないがコンピテンシーが高かった生徒が、高3までの2年間でコンピテンシーが低くなってしまったということである。これは過去4年間に共通して見られる現象であり、学力下位層のコンピテンシー伸長に改善すべき点があることが分かった。

これらの問題は模試の偏差値や生徒の日々の行動だけを見ていてわかるものではなく、多面的・統合的に分析することで初めて見出すことができた課題であり、IRで分析することで初めて議論の俎上に載せることができたといえる。

また、年度ごとの入学者の傾向を見るために高1春時点を比較したのが**図**

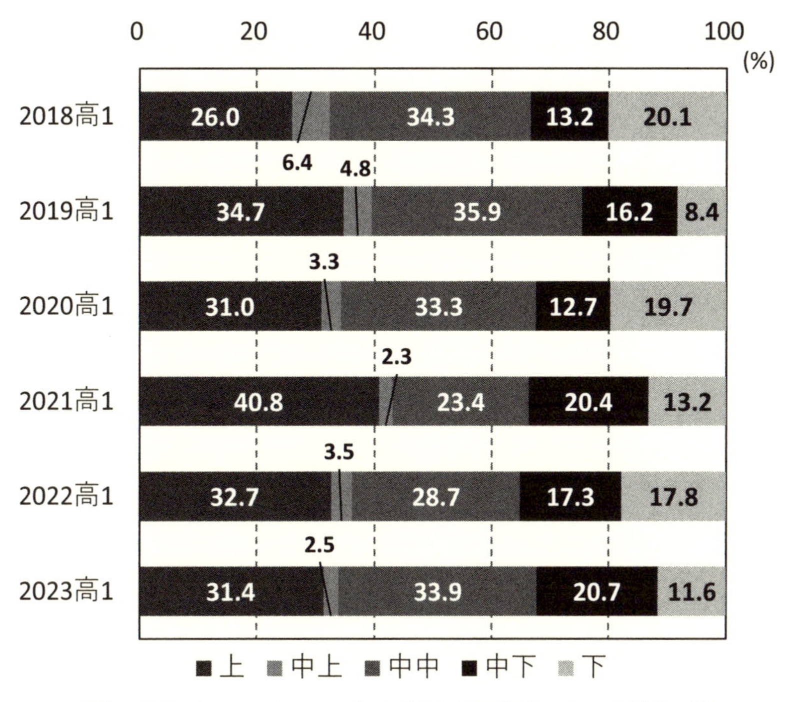

図表4-2-3　トランジションタイプから見る年度ごとの入学者の違い

表 4-2-3 である。

年度ごとに変動はあるものの、大まかな近 6 年の入学者の傾向として、「下」はやや減少傾向にある一方で、「中下」が増加傾向にあるといえる。つまり、教科学力もコンピテンシーも低い生徒は減ってきているが、教科学力は高いがコンピテンシーが低い生徒が増えつつある。前述の高 1 →高 3 の変化とも合わせて考えると、「中下」の生徒がコンピテンシーを伸長させて「上」へと変化していけるような授業、行事の運営を心掛けていく必要性がこのデータからあるといえる。こういったことの校内での議論をデータを用いながら促進していきたい。

4. 本校でのスクールポリシー策定の試行錯誤

前述のデータ分析と同時並行で始めたのがスクールポリシー、特に育成したい生徒像の言語化である。建学の精神が本校の教育の目指すところではあるが、解釈に多様性があり教員ごとにイメージする姿が異なるのを一定程度方向性を揃えることと、時代の変化をとらえたアップデートを行う事の 2 点をスクールポリシー策定で狙った。

具体的に行ったことの順序としては、(1) 2021/02/12 に教育企画部のコアメンバー（管理職含む）でスクールポリシーのたたき台を作成するワークショップを実施、(2) 2021/03/22 に溝上先生と第 2 回目の個別面談でフィードバックをいただいたのちに内容を適宜修正、(3) 2021/06/23 に校内の現職教育にて 3 月のものを提示して改善案を出すワークショップを実施したのちに内容を修正、(4) 再び教育企画部のコアメンバーで議論を重ねる、(5) 2023/09/25 に暫定版が完成、という流れである。(1) から順に詳細について述べていきたい。

2021/02/12 に教育企画部のコアメンバーと管理職の計 9 名で行ったワークショップでは、まず各個人が「このような生徒を育てたい」という思いを紙に書き出した。次にその紙を回していき、共感・同意するところに線を引いたり丸で囲んだりし、それらを元に議論をして、方向性をすり合わせた。そ

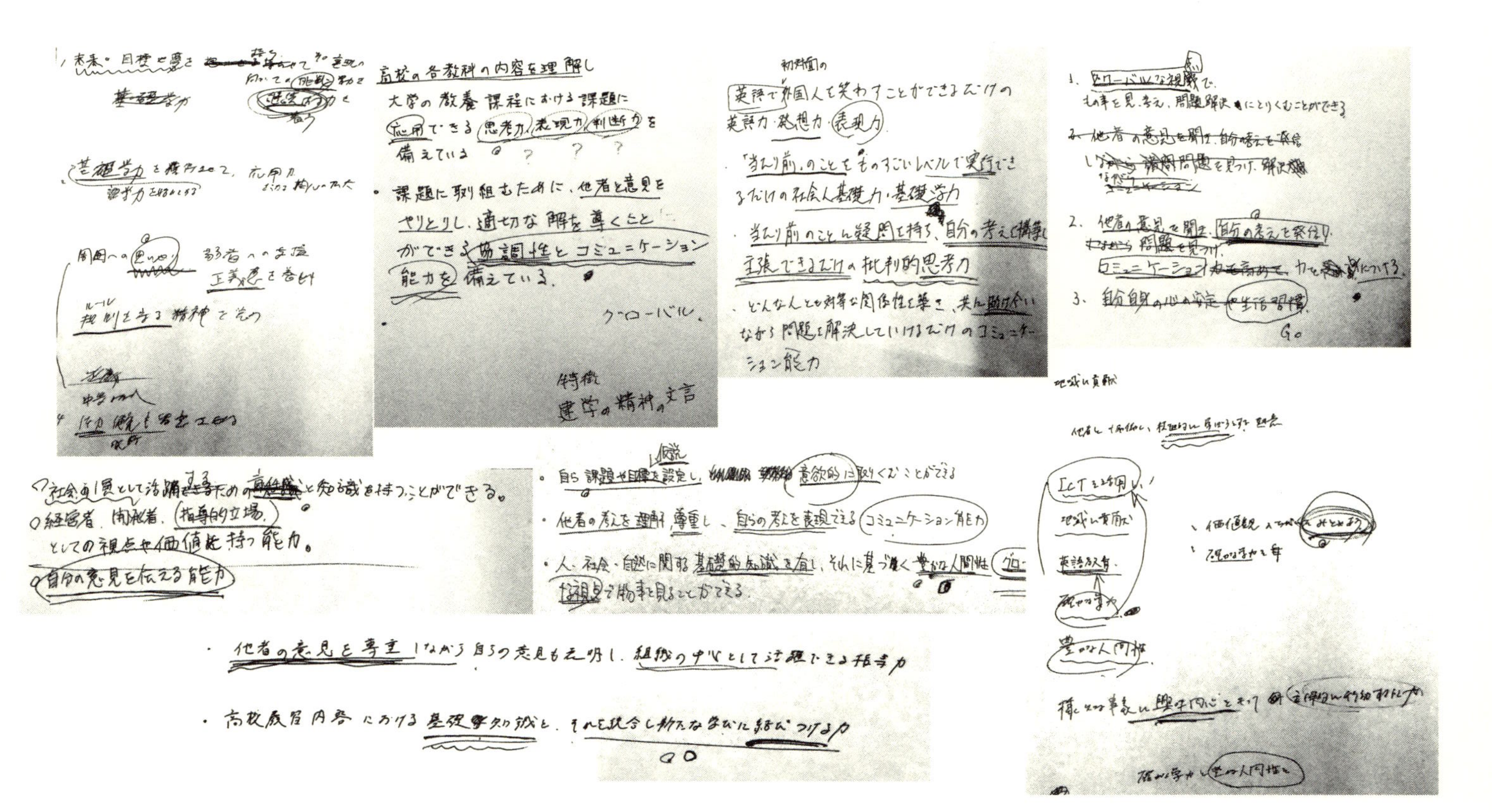

図表 4-2-4　ワークショップ「このような生徒を育てたい」

の時の紙を**図表 4-2-4** に示す。

そこでの議論を元に作成した教育目標 ver.1 を作成し、その ver.1 を次の会議で推敲した ver.2 が次の 4 つである。

① グローバルな視点に立って地域社会に貢献しようという気概を持つ生徒

② 正義感・責任感・規範意識を持ち、他者の考えを理解・尊重し認め合えるような豊かな人間性を持つ生徒

③ 様々なことに興味関心を持ち課題を発見して、それに対する仮説を設定し、自らの考えを深め、表現・発信できる生徒

④ 基礎的知識を有し、変化に対してしなやかに対応できるよう生涯にわたって学び続けようとする生徒

この ver.2 に対して溝上先生から頂いた視点は【育成面】つまりどのようにそれを育成するのか、と【測定面】どのようにそれを評価・測定するのか、である。4 つの目標に対する育成方法・測定方法の案と課題点を具体的に挙げると、

①【育成面】探究、修学旅行、語学研修旅行などが考えられるが、一部の生徒だけが参加するようなものは相応しくない。せめて、何割程度参加を見込むかなどを挙げる必要がある。【測定面】学びみらい PASS（以下 MMP）の LEADS（進学見通し×準備行動）が考えられるが、「気概」というのはどのように評価するのか、あるいはそもそも気概とは何か、疑問が残る。また、そもそも「グローバル」とは何か？何を身につけたら「グローバル」といえるのかを明確に定める必要がある。

②【育成面】探究、行事（学園祭、体育祭など）、式典などが考えられる。【測定面】MMP の LEADS（周囲に対する－高め合う姿勢、学ぶ姿勢）、MMP のコンピテンシー（親和力、協働力）が考えられるが、そもそも「正義感」とは何か？また「責任感」・「規範意識」とは何かを定義しなければ測定することが難しい。

③【育成面】総合探究や各教科の授業で育成するのが相応しいと考えられ

るが、教科の授業で探究的な学びをデザインできるのかが課題。【測定面】MMPのリテラシー4項目、探究ルーブリック（関心の持ち方、探究する姿勢）が考えられる。

④【育成面】各教科の授業、【測定面】MMPのLEADS（変化に対する－関心、自信）、進研模試の偏差値、MMPのコンピテンシー（行動持続力）、トランジションタイプの「上」の割合が考えられる

といった具合である。特に①・②の理念や規範的な部分の定義づけが非常に難解であることが見えてきた。これは人によってその言葉の持つ意味の解釈が多様であることが原因であると考えられる。

このあと議論を重ね、少しずつ修正していきver.5まで作成した。不完全な状態であるとはいえ、前に進む必要も感じていたため、2021/06/23の現職教育で全教員からこの暫定版スクールポリシーに対する意見を集約することにした。この日は、まずそもそもスクールポリシーとは何かについて説明をし、県内の公立高校のスクールポリシーのうち公開されているものに先に目を通した。そののちに、ver.5の教育目標を提示し、小グループでこの案の良い点、加筆修正すべき点などの意見を話し合い、まとめたものを集約した。最後に、「それぞれどのように数値で評価することができますか？」「それぞれどのような教育活動を通じて育成できると思いますか？」の2点について話し合い、まとめたものを集約するという活動を行った。その時に各グループから提出されたものの一部抜粋が**図表4-2-5**である。出てきた意見をまとめると、「長い・回りくどい」「もっと教員が理解・納得できるものが良い」「マジックワード（解釈が多様になってしまう用語）があるのが良くない」「探究への拒絶反応」「“地域”に限定することへの違和感」などが主なものとして挙げられた。実際の日々の教育活動を行うのは一人一人の教員であるので、全教員の理解納得が重要ではあるが、こういった反応から、ボトムアップでの意見をどこまで反映させるかを考えることが非常に難しく、悩ましい問題であることが顕在化した日でもあった。

全教員から出てきた意見を参考にしながら、教育企画部のコアメンバーで

1. グローバルな視点に立って地域社会に貢献しようという気概を持つ生徒

"International" or "diversity" のどちらの意味か？ "International" だと "地域社会" と結びつきにくいと思いました

☆2. 正義感・責任感・規範意識を持ち、他者の考えを理解・尊重し認め合えるような豊かな人間性を持つ生徒

これが1番大事だと思いました

「グローバル」が「diversity」の意味だと1と重なる部分がある

3. 様々なことに興味関心を持ち課題を発見して、それに対する仮説を設定し、自らの考えを深め、表現・発信できる生徒

⇒「総合探究の目標」が頭に浮かんだ。あえてですか？

- 具体性がないから、これくらい抽象的なことを書いておいて後で合わせていくことになる？
- どこの高校が書いてもおかしくないことが書いてある。
- 対外的な打ち出し、という面もあるが、一方で、内部の教員がこれに沿って教育を組み立てていくという面も大きいのでは？
- 「グローバルな視点」ってそもそも何？「グローバル」を具体化すると？

1. 気概 という言葉が イメージしにくい。

3. 課題発見→仮説設定→自らの考えを深め…
良い点ではあると思いますが、他者の意見や集団の中で構築された意見は取り入れたり参考にしたりしないの？と感じてしまいました。
偏った考えになるのでは？

4. 回りくどい？ もっと良い言い方があるのかもしれない（けど話し合いの中では浮かびませんでした。）

1、（修正）グローバルな視点に立ってリーダーシップを持って社会に貢献しようという……
（「地域社会」に限定する必要があるのか。むしろ、広く「社会」がよいのでは。リーダーシップの部分は、指導的社会人を意識して入れてみた）
3、（加筆）様々なことに興味関心を持ち課題を発見して、それに対する仮説を設定し、検証してゆくための取り組みの中で自らの考えを深め、……
4、（修正）新しい社会を創生するのに必要な基本的知識を有し、変化に対してしなやかに……
（3年間教育して習得させるものが「基礎的知識」ではちょっと、という感じ。おそらくこの「基礎的知識は」学力的な部分ではなく、社会で生きてゆく上でのという意味なのだろうと思って、このような表現にを提案してみた）

以上です。たたき台をここまでにするのにもご苦労が要ったことだと思います。お疲れさまです。

3は探究の香りがする。(仮説というワードが気になる)
1、2、4は建学の精神を押さえていると思う。
我々教員が意識できることが大切。自分ができないこと、納得できないことを生徒に強いるのはしんどいかなーと。
■高とほぼかぶってません？
「粘り強く努力する」的な伝統の教育観があるといいのでは？
「自走する生徒」とか。キャッチーなワードがほしいかも。
長い？■■くらいの方が保護者受けがいいのでは？

図表 4-2-5　スクールポリシーについてグループワークで出された意見

話し合い、改定した ver.6 が以下の 5 つである。

① リーダーシップを発揮して社会に貢献しようという意志を持つ生徒

② 他者の生命・財産・身体・自由を尊重し認め合える生徒

③ 課題を発見し、仮説を立て、協働的に問題を解決しようとする生徒

④ 新しい社会を創生するのに必要な基礎的知識を有している生徒

⑤ 時代や社会の変化に対してしなやかに対応しつつ生涯にわたって学び続けられる生徒

ver.2 と比較して、シンプルで分かりやすくなってはいるが、依然としてマジックワードが含まれていたり、お飾りになりそうで実際の授業改善につながらなさそう、他校とよく似ていて独自性が薄いなどの課題感を抱いていた。そんな中で溝上先生から頂いたアドバイスは、「子どもたちを育てるポ

イントは山のようにある。ポリシーはその山のようにあるもののなかで学校として力を入れるポイントに絞ったもの。どこにでもあるようなものが並ぶことはある」「無味乾燥的にならざるを得ないのはある意味で必然」「先生方はそこまで概念的なことを理解して意見をいっているわけではないので、まずは担当者がしっかりと理解しておくことが大切。それよりアセスメントで何を取るのかが勝負」「ポリシーと意図的な教育活動が紐づいているかを確認することが大切だろう」「②はどうやって測るのかが疑問だ」という5点である。

このアドバイスを元に議論を重ねて、内容をブラッシュアップし、更に、アセスメント方法と育成方法をまとめ、生徒が自己評価できるようにルーブリックまで考えたものが**図表 4-2-6** に示す ver.8 である。

実は、ver.8 を策定したところで年度の切り替わりの他の業務に追われてスクールポリシーのブラッシュアップが一度止まってしまった。しかし、頭の中では疑問として残り続けており、事あるごとにイメージは膨らませてきた。ようやく時間が取れるようになった R5 年の8月に教育企画部のコアメンバーで議論を再開し、検討を重ねた結果の ver.9 が次の文言である。

【不確実な状況でも柔軟に、当事者としてこれからの社会に貢献できる人、すなわち、見通しを立てて、行動を起こし、内省して、協働的に課題解決に挑戦できる人】

要素として、ネガティブケイパビリティ、全員発揮型のリーダーシップ、OECD が Education 2020 の中で提唱しているエージェンシーと AAR サイクルなどを取り込みつつ、本校がこれから充実させていきたいものをシンプルにまとめた。特徴としては

- これまで4つ〜5つと多くあった項目を1つの文章でまとめたこと
- マジックワードをできる限り避けた。中でも解釈が分かれがちなカタカナワードを一切使わなかったこと
- マインドセットを前半部分に、具体的な行動を後半部分に分けて配置したこと

の3点が挙げられる。この3点もあって、コアメンバーの納得度がこれまで

2022/2/16 版

番号	スクール・ポリシー（資質・能力）	アセスメント方法	育成方法
①	リーダーシップを発揮して社会に貢献できる	◎（?）MMP －コンピー統率力 MMP － LEADS － 5.3 リーダーシップをとる 外部のビジネス系コンテストへの応募数、入賞数 探究活動での外部企業からのフィードバック	行事（学園祭、体育祭、クラスマッチ等） 総合的な学習・探究の時間
②	責任感と礼儀正しさがあり、他者を尊重できる	MMP －コンピー親和力 MMP － LEADS － 5.14 異なる意見や価値を尊重する 身だしなみ検査での違反数 責任感の測定？？礼儀正しさの測定？？	委員会活動 行事 部活動
③	課題を発見し、仮説を立て、協働的に問題解決に取り組める	MMP- リテー課題発見力 MMP- リテー構想力 MMP- コンピー協働力 ◎ MMP －コンピー対課題基礎力	教科の授業（リフレクション・AL 型） 総合的な学習・探究の時間
④	基礎的知識と自分の考えを統合して発信できる	MMP － LEADS － 5.6 自分の言葉で文章を書く 進研模試，学力推移調査－国数英総合 GTZ 国公立大学学校推薦型・総合選抜型合格者数 外部のプレゼン・スピーチ系コンテストの入賞数	教科の授業（講義型も AL 型も） 総合的な学習・探究の時間 校内プレゼン大会 校内スピーチコンテスト
⑤	変化に対応し、生涯にわたって学び続けられる	MMP － LEADS －キャリア意識 MMP － LEADS －志向性タイプ MMP － LEADS －変化に対する自信 MMP － LEADS －周囲に対する学ぶ姿勢 学習時間調査（従来から独自実施） 卒業生調査（GPA など）	教科の授業 総合的な学習・探究の時間

図表 4-2-6 大手前高松のスクールポリシー

生徒自己評価ルーブリック（生徒は次の４つのうち最も当てはまると思うものを学年末に選択して自己評価する）			
C（Not OK）	B（OK）	A（Good）	S（Excellent）
与えられた役割をこなせなかったり、集団に対して貢献することを意識できていなかったりすることがある	与えられた役割をしっかりとこなして集団に貢献することができる	自分の役割を明確に意識し、かつ、どのようにすれば集団に貢献できるだろうかという思考ができる。必要に応じて自ら役割を作り出すこともできる	集団、地域、国、地球レベルに解決したい課題を見出し、その解決に貢献できるように努力できる。そのために時には集団のリーダーとして他のメンバーを主導することができる
責任感や礼儀正しさなどについてはあまり意識をしていない	自ら進んで挨拶をしたり、清潔な身だしなみを保つように意識できる	挨拶や身だしなみをきちんとでき、他者に感謝の言葉や謝罪の言葉を述べることができる。また、他者の状況や置かれた立場を理解した上で適切に接することが意識できている	挨拶や身だしなみがきちんとでき、感謝や謝罪の言葉を述べることができる。他者の状況や立場を理解した対応ができる。失敗から学ぶことを意識している。周りの幸せを願うことができる。以上のことが十分できている
身の回りのことに対して、言われたこと以上のことをやったり考えたりすることはあまりない	身の回りのことに対して、「もっとこうだったらいいのに」といったように課題点を発見することができる	身の回りのことに対して、課題点を発見し、「こうすればいいのではないか？」と自分なりの解決策を考えることができる	身の回りのことに対して、課題点を発見し、自分なりの解決策を考えた上で、それぞ自ら実行に移すことができる
自分の意見をまとめることが難しい、または、あまりそれを重要視していない	教科の授業で学んだことや自分がこれまでに知った知識を元にして、根拠のしっかりとした自分なりの考えをまとめることができる	教科の授業で学んだことや自分がこれまでに知った知識を元にして、根拠のしっかりとした自分なりの考えをまとめることができ、それを人に伝えることができる	教科の授業で学んだことや自分がこれまでに知った知識を元にして、裏付けのしっかりした自分なりの考えをまとめ上げ、それを人に分かりやすくプレゼンする活動を積極的に行ってきた
人から言われないと勉強しなかったり、言われても勉強しなかったりということが多い。あるいは必要最小限の勉強で済まそうとしている	人から言われなくても進んでやるべき勉強をしている。また、テスト以外の勉強にも進んで取り組むようにしている	自ら進んで勉強するようにしている。また、勉強以外に力を入れて打ち込んでいることがある	世の中の動きに高いアンテナを張りつつ、自ら進んで学びを進めている。その上で、自分が打ち込んでいることにも十分力を注いでいる

で最も高いものにすることができた感じている。我々コアメンバーのスクールポリシー策定の作業自体が、「不確実な状況の中で」行ってきたものであり、非常に「当事者的」に取り組んできたものであるといえる。また、「見通しを立てて」議論を重ね、「内省し」、そして「協働的に」作り上げてきたことも納得度を高めていると感じている。

5. 今後の展望

データ分析の作業は基本的には担当者である筆者一人で行ってきた。スクールポリシーの策定については、一度現職教育で全教員とやり取りしているものの、ほとんどの作業は教育企画部のコアメンバーの中だけで行ってきた。課題はここからデータとポリシーを日々の教育活動にどのようにして落とし込んでいくかである。そのカギになるのは「総合的な探究の時間と各教科の授業の往還」ではないかと考えている。スクールポリシーのver.9に記載したような、不確実さを受容し、当事者として、社会に貢献するために課題解決に挑戦するためには、身の回りの課題と自分の人生が紐づき、また、自分のキャリアと今の学びとが紐づく必要があると筆者は考えている。そしてそれは唯一解・絶対解の無い試行錯誤の繰り返しであるとも思う。まさに探究的な営みだ。だからこそ日々の授業で、教員も生徒も、当事者として、試行錯誤しながら高め合っていく構造にしていきたい。

そのためには、ver.9のポリシーがいかに教員、生徒に浸透していくかが非常に重要である。これからまだまだ試行錯誤の日々が続きそうである。

ここで紹介した泥臭い挑戦が、読者の皆様がほんのちょっとでも前に踏み出そうという力に繋がれば幸いである。

事例3　富士市立高等学校

滝 陽介（富士市教育委員会 富士市立高等学校 指導主事）
斉藤 雅（静岡県立静岡東高等学校 教諭、前富士市教育委員会 富士市立高等学校 指導主事）

1. はじめに

本校は静岡県富士市に位置し、総合探究科、ビジネス探究科、スポーツ探究科の3学科、1学年6クラスからなる公立高校である。平成23年4月に、「これからの時代に対応した新しい教育の実現」を目指した新高校として開校し、今年（令和6年度）で14年目を迎えている。また、本校は富士市で唯一の市立高校であり、市の指導主事が高校の事務室に在籍し、業務に当たるという全国的にも稀な配置を取っている。その利点はいくつもあるが、今回の高校版IRの活動においても、その指導主事と教職員が協働して行ってきた。

2. 活動開始の経緯

本校が今回のIR構築に取り組んだ経緯は、令和2年1月に溝上先生が来校されたことから始まる。当時、本校は開校から10年目を迎えていて、これまでの歩みを振り返るタイミングにあった。富士市教育委員会としても、大学教員や地元中学校長等の教育に関わる専門家や地域のステークホルダーからなる有識者会議を組織し、本校の学校改革10年次検証を進めていた時期であった。

本校は全ての学科で冠しているように、「探究学習」を柱として教育活動をこれまで進めてきており、特に「総合的な探究の時間」に行っている「究タイム」という学習活動では、地域の課題を題材に行う課題解決学習（「市役所プラン」）に取り組み、地域協働やキャリア教育の点から多くの評価を受けてきた。しかし、その一方で「探究学習の効果を目に見える数値やデータで示してほしい」という声も周囲から高まってきており、課題となっていた。

たしかに、校内では生徒の成長を感じる場面が増え、進路の動向にも大きな変化が見られていたが、探究の学習効果を数値やデータとして客観的に分かる形で示すとなると、それには難しさを感じていた。新学習指導要領に伴って、各校が「探究」に力を入れるようになっていた頃でもあったため、探究学習に先行して取り組んできた本校には、探究の効果とその可視化を求められる機会が増えてきていた。

そうした状況や悩みを溝上先生に相談をしたところ、いくつかの助言をいただいた。そのなかで、生徒の非認知能力を測るアセスメントテストがあることを紹介され、自分たちでも調べたりトライアルを行ったりして、河合塾の「学びみらいPASS」を実施することとした。実施の検討にあたっては、「本校の教育の効果を外部指標で示すことができれば、生徒にそのデータをフィードバックできる」、「データを教育内容の改善につなげられる」、「データの後押しがあれば、今よりもっと自信を持って教育活動に取り組める」等の前向きな意見が挙がり、実施の後押しとなった。

その後、溝上先生には令和2年11月に開催された「高校版IR」のキックオフセミナーで本校のことを扱っていただき、その流れが「高校版IR」パイロット校としての本校の活動へとつながった。以下、その本校の活動実践を紹介していきたい。

3. 活動内容

(1) 教育目標の再定義、スクールミッションとスクールポリシーの策定

①学校の目指すゴールについて考える（令和2年12月～令和3年3月）

高校版IRの活動を始めるにあたっては、オンラインでのミーティングを通じて、溝上先生とスタッフの方からIR構築に関する考え方やポイント、データの扱い方や分析の基礎基本をレクチャーしていただき、理解を深めることができた。

当初は、本校の課題が「探究学習の効果の可視化」だったこともあり、私たちはデータのことばかりに考えが向いていたが、ミーティングで特に印象に残ったのは「何に向かってデータを取っていくのかを考えることが大事」という溝上先生の言葉だった。

IRの構築には、まず学校が目指すゴールを定めることが重要で、そのゴールは教育目標であり、それがスクールミッションやスクールポリシーへとつながっていく。このことを軸にIRを考えていくべきだという教えは、この後ずっと意識しながら活動を進めていった。

そもそも先に述べたキックオフセミナーで本校が取り上げられたのも学校教育目標（**図表4-3-1**を参照）に関することだった。特に重点目標に挙げている事柄（挨拶や服装等）は、もちろん大事なことではあるが、それが学校の「最上位目標」として校内で共有できているかと問われたことは強く印象に残った。

ミーティングの際も、教育目標こそが学校の最上位目標であり、生徒と教職員が一体となって目指すべきゴールであることが改めて確認された。そこで、データ活用の方は一度置いておき、本校が目指すゴール（達成すべき目標）とは何かをまず考えてみることとした。

なお、先述した10年次検証の際、本校の教職員や外部の有識者の方から「10年経って人が入れ変わるなかで、最初の願いやエネルギーをどのように

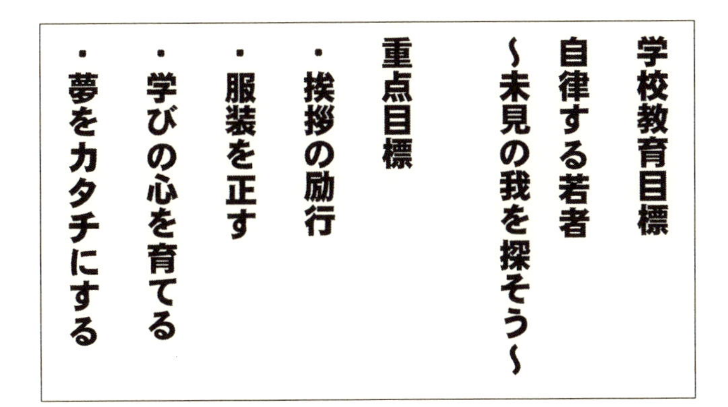

図表4-3-1　学校教育目標

保ち続けるのか」、「年月が経過して学校が変わってしまうところをいくつも見てきた。そうならないように学校のコンセプトが継続されていく仕組みを考えてほしい」といった意見が多く出されていた。

たしかに、公立高校では人事異動による教職員の入れ替わりがあり、最初にいた人たちがいなくなり、新しい人たちへと移り変わる。そのことによって、組織としての新陳代謝ができ、新しいアイデアや方法が生まれる等の利点は大きいが、学校の継続性を考えた時にはそれがネックになる場合も多い。高い評価を受けた教育活動が形骸化して、特定の期間だけの取り組みに終わるといったことはよく聞く話で、当初のコンセプトや思いをどのように教職員内で継承していくかは、本校でも大きな課題であった。

本校も開校して10年目に差し掛かり、大きな節目を迎えていた。この学校のスタンダードやスタイルをどう定着させるのか。新しい学習指導要領に移行して学びも変わっていくところで、この学校がどういう生徒を育てたいと思っているのか。それを教育目標という形で明確に示すことができれば、学校の方向性を保ちながら、発展させていくことができる。そして、それは在校生だけでなく、本校への入学を考えている中学生や地域の方たちに対しても、本校の特色を明確に伝える手立てにもなるのではないか。そう考えると、今回のIRに関する活動の意義が感じられた。

こうした考えから、教育目標の検討においては、「歴史の上に立つ」ということを特に強く意識し、全く新しい目標を考えるのではなく、本校に関わってきた人の思いをできるだけ汲み取っていくことが、目標を学校全体で共有されたものとするために必要なことだと考えた。そこで、これまでに本校が示してきた目標を探っていくと、次のように実に多くのものを掲げてきていたことが分かった。

- 学校教育目標
- 改革実施計画「育てたい生徒像」
- 新高校(開校にあたって)のコンセプト
- 「開校の精神」に掲げられた目標

- 学校案内等の広報で長く使われている文言
- 重点目標
- 学校経営計画「目標具現化の柱」
- 探究学習で育成する資質能力
- 10年目の検証で挙がったフレーズ

ここに挙げた目標は、細かく見ていくと、同じような言葉や表現が数多く使われていた（**図表4-3-2**を参照）。そしてそれを分類していくと「夢の実現」、「主体性」、「探究、確かな学力」、「社会への貢献」、「協働」、「たくましい心身」という6つのカテゴリーに内容をまとめることができたため、この内容を学校経営会議や職員会議で報告し、次のように「達成目標（案）」としてまとめた。

【達成目標（案）】

- **生涯にわたって学び続ける姿勢を持ち、夢の実現のために未来を切り開いていくことができる（夢の実現）**
- **様々な課題に主体的に取り組み、他者と協働して解決を図るとともに、未知の事柄にも積極的に挑戦できる（主体性）**
- **確かな学力を身に付け、物事の本質を追究するために、主体的に学び、探究することができる（探究、確かな学力）**
- **多くの人との関わりの中でコミュニケーション力を発揮し、互いを尊重しながら自らを表現できる（コミュニケーション力）**
- **グローバルな視野に立ち、高い見識を持って、富士市や社会に貢献できる（社会貢献）**
- **基本的生活習慣や規範意識とともに、「知・情・意」のバランスの取れた、たくましい心身を身に付けている（たくましい心身）**

富士市立高校「達成すべき目標(育てたい生徒像)」の検討について

①(学校教育目標)
自律する若者　(＊自律…自ら考え、行動する／自分をコントロールできる)

②(富士市立高等学校改革実施計画)育てたい生徒像
1 自らが見出した夢の実現に向け、主体的に学び、探究し続ける生徒
2 多くの人との関わりの中で、互いを尊重しながら自らを表現できる人間性豊かな生徒
3 国際的視野に立ち、高い見識を持って、富士市や社会に貢献できる生徒

③(新高校のコンセプト)
C 地域、学校との連携を図り、「自律する若者」を育てる生徒
D 夢を持ち続け、生涯にわたって学び続ける力をはぐくむ夢実現高校
I 物事の本質を追究し、自分自身と向き合い、向上心と探究心に満ちた学校

④(開校の精神に見られるフレーズ)
・学力の向上、探究する力、コミュニケーション能力、社会に貢献する意欲
・「知・情・意」のバランスの取れた心身ともにたくましい「自律する若者」の育成

⑤(開校時から学校案内等で用いているフレーズ)
・確かな学力　・探究の精神　・未来へ切り開く力　・郷土への誇り

⑥(重点目標)
・挨拶の励行　・服装を正す　・学びの心を育てる　・夢をカタチにする

⑦(学校経営計画)目標具現化の柱
ア、「確かな学力」を身に付け、「主体的・対話的で深い学び」を実感できる「魅力ある授業」を展開できる学校
イ、基本的生活習慣、環境美化及び規範意識を身に付け、「豊かな人間性」や「良好な人間関係」を育てる学校
ウ、魅力ある専門教育と学科の特色(「探究の精神(探究学習)」)を活かし、社会人としての資質・能力を身に付けるとともに、教育課程の充実に努め、キャリア教育を推進することにより進路実現を支援する学校
エ、学校行事や部活動の充実を図り、自主性、協調性、たくましい心身を育成する学校
オ、家庭・PTA・地域と連携した教育活動を推進し、保護者・地域から信頼される学校
カ、教育環境の整備・充実及び予算の適正かつ効率的な執行を目指す学校

⑧(探究学習で使われてきた語句)
・主体性　・協働　・実行力、チャレンジ　・コミュニケーション力　・問題解決能力

⑨(10年目の検証で挙がった現代的なフレーズ)
・これからの社会を生き抜く力　・他者と協働して未知の社会課題を解決していく力

図表 4-3-2　富士市立高校「育成すべき目標（育てたい生徒像）」の検討について

ここでの気づき、ポイント

- IRの構築ではゴールを定めることが大事。
- 学校のゴールは教育目標。その達成を目指して教育活動とIRを組み立てる。
- 教育目標が最上位目標として校内で共有されているかを意識すべき。
- 教育目標とIRを通じて、学校のスタイルや特色を校内外に示すことができる。

②プロジェクトチームでの検討（令和3年4月〜8月）

ここまで進めたところで新年度となり、そのタイミングで「学校未来プロジェクト」をスタートさせ、次の10年を見据えた取り組みの1つとして、IRと教育目標の検討を行うプロジェクトチームを立ち上げた。このプロジェクトチームには、学科や分掌の長だけでなく、勤務年数がそれほど長くない若手教員にも参加してもらい、様々な立場から意見を出してもらうこととした。

ここでの話し合いでは、まず始めに「教育目標とスクールミッション、スクールポリシーはどう違うのか」ということが話題になった。そして、その違いや定義をはっきり理解できていないところがあったことに気付き、文科省から示された資料（「これからの高等学校教育について」令和2年11月25日文部科学省初等中等教育局参事官（高等学校担当））等を改めて参照し、それをもとに次のような点を話し合っていった。

- **教育目標は「育成を目指す生徒像」に関する目標と考え、スクールミッションやスクールポリシーを包括するものという捉え方でよいのか。**
- **教育目標は、スクールミッションとスクールポリシーとの関係性を意識して作成した方がよいのか。それとも別に考えてよいのか。**
- **スクールミッションは「学校の歴史や地域社会からの期待」を踏まえたものとなっているので、開校10年次検証での議論ともつなげて考えていく必要があるのではないか。**

- **叩き台となっている「達成目標（案）」は資質能力に関するものなので、教育目標ではなく、スクールポリシー（特にグラデュエーションポリシー）の案ではないのか。**

こうしたことを確認した結果、教育目標については、現在掲げている「自律する若者」のままでよいのではないかという考えでまとまっていった。「自律」の精神や姿勢、つまり「自ら考え、自ら行動できる」力は、本校の生徒がこれからの社会で活躍するために身に付けたい資質である。その育成を最上位目標とすることは、学校全体で目指していくべき目標として適切だということとなった。

また、スクールミッションについては、開校時に掲げていた「CDI」を中心に据える方向で考えがまとまった。CDIとは、「Community」、「Dream」、「Inquiry」の頭文字を取ったもので、開校時における「地域連携」、「夢の実現」、「探究の精神」という本校のコンセプトを示したものである。富士市教育委員会が本校の開校時に作成した「富士市立高等学校改革基本計画」にも掲げられており、「学校の歴史や地域からの期待」を踏まえたものとなっている点もスクールミッションに合致すると考えた。さらに、本校が特色とする「課題解決型の探究学習」や「社会とつながる学び」、「体験を重視したキャリア教育」にもCDIはつながっているため、スクールミッションとして再定義するのにふさわしいと考えた。こうして作成したのが次の案である。

【スクールミッション（案）】

- **人との関わりを大切にし、地域社会で主体的に活躍する生徒を育てる。（C＝地域連携）**
- **人生の目標や夢を持ち、その実現に向けて挑戦する生徒を育てる。（D＝夢の実現）**
- **探究の見方と考え方を働かせ、本質を追求し、課題を解決する生徒を育てる。（I＝探究の精神）**

スクールポリシーについては、先に挙げた「達成目標（案）」を基本にするが、もっと明確に資質能力を表す語句で考えた方がよいということになった。特に、教育目標の「自律」と関連させて、「主体性」や「行動力」を重要だとする意見が多く挙がった。また、本校では生徒がアウトプットする場面を重視してきたので、そこで育まれる「チャレンジ精神」や「コミュニケーション能力」を挙げる意見や、探究を深めていくために「課題に対する理解力」や「状況把握力」を育むことも大切だという意見が出された。さらには、生徒の資質能力をデータとしてアセスメントできるように、「学びみらいPASS」のコンピテンシーを参考に考えた方がよいという意見も挙がった。

こうした議論の結果、次の9つの資質能力をスクールポリシー（グラデュエーションポリシー）の案とすることになった。

【スクールポリシー（案）】

- **協働する力（コミュニケーション力）　・行動する力（主体性）　・状況を把握する力**
- **夢を実現する力、計画力　・チャレンジする力（前向きさ）　・やり抜く力（行動持続力）**
- **課題を発見する力（問いを立てる力）　・論理的に考える力　・分析する力**

ここでの気づき、ポイント

- **教育目標とスクールミッション、スクールポリシーは、そのつながりも意識する。**
- **スクールミッションは、学校の歴史や地域からの期待を踏まえたものとする。**
- **スクールポリシーは資質能力を表す語句で考え、アセスメントできるようにする。**

③全教職員で検討する（令和３年11月）

スクールミッションとスクールポリシーの原案がまとまったので、全教職員を対象にした職員研修会を開催した。そこでは主にスクールポリシーに関するワークショップを行い、文科省から示されたものを確認した上で、これまでのプロジェクトチームでの議論や作成した原案を紹介し、グループワークを実施した（**図表4-3-3**を参照）。

グループは３人または４人で班を作り、各班にはファシリテーターとして、プロジェクトチームのメンバーに入ってもらった。最初に「本校で育成すべき資質能力とは何か」という課題を提示した後、まずは個人でそれを考えてもらい、その後にグループでお互いの考えを話し合ってもらった。最終的には、各グループの代表者がグループワークで出た意見を発表し、全体で考えを共有した。

各グループの代表者の発表では、「主体性」や「チャレンジ精神」を重要な資質に挙げる意見が多かった。また、「チャレンジ精神」と関連して、人は失敗した時に最も主体的に考えるため、大きな危険がないように制御した上であえて失敗をさせる経験が生徒の学びと成長のために重要だとする意見も挙がった。

グループワーク

課題:「本校で育てるべき資質・能力とは？」
＊ワークシートを使います。
活動1:個人で取り組む。
活動2:班内で順番に考えを話す。
司会は事前にお願いをしている方（企画課、プロジェクト委員）
活動3:全体発表
活動4:活動の振り返りを記入する。→提出

図表4-3-3　グループワーク課題

他には、プロジェクトチームで示した「課題を発見する力」や「状況を把握する力」よりも、その一歩手前の「相手や対象を理解する力」、「相手の思いや考えを聞く力」が本校の場合は必要だという意見が挙がった。探究学習をさらに深めるものとして、そうした力を必要な資質能力だと考える教員が多いことが分かった。

以上のような意見を踏まえ、原案では「状況を把握する力」としていたものを「傾聴力」という語句に改めた。また、数が9つあるのは多いということで、「本校で育てるべき資質能力」を6つに絞り、次のようにスクールポリシー（案）も修正した。

【スクールポリシー（案）】（＊修正後）

- 主体性・協働する力・チャレンジ力・実行力・傾聴力・論理的思考力

その後、カリキュラムポリシーやアドミッションポリシーを含む「スクールポリシーに関する3つの視点」を作成し、IRのグランドデザインをイメージ図にまとめた（**図表4-3-4**を参照）。

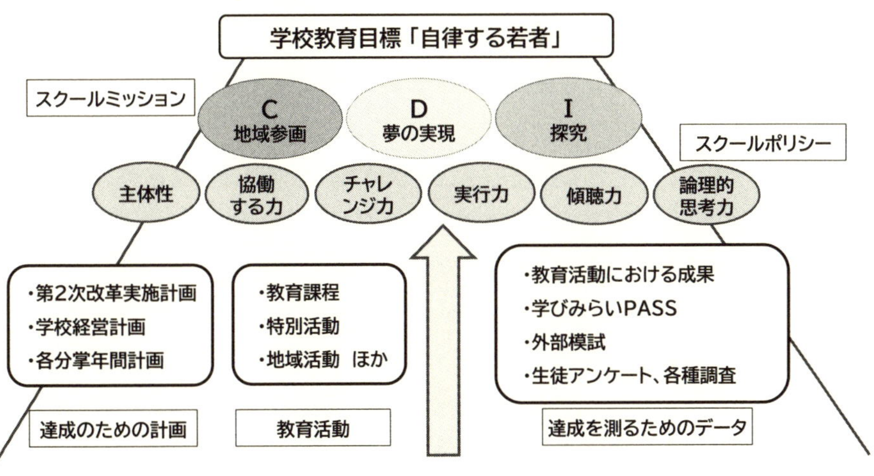

図表4-3-4　IRイメージ（案）

ここでの気づき、ポイント

- **職員研修のテーマにしたことで、「育成すべき資質能力」についての考えを共有できた。**
- **時間を掛けて資質能力の検討を行ったため、カリキュラムポリシーやアドミッションポリシーの作成はスムーズに進めることができた。**

(2) 教育活動にしっかりと位置付け、反映させる(令和3年12月〜令和4年4月)

ここまでの活動で、教育目標とスクールミッション、スクールポリシーを定義できたので、次の段階はそれをどのように実際の教育活動につなげていくかを考えることにした。せっかく目標ができても、それが、「絵に描いた餅」に終わってしまうことのないように、実際の教育活動へとつなぐために以下の3つの取り組みを行った。

①第2次改革実施計画、年間指導計画にスクールミッションを紐づける

この時期、IRの活動と並行して、本校では先述した10年次検証の流れで「第2次改革実施計画」というものを作成することになっていた。これは次の10年に向けた本校の方向性を示す計画であったが、そこにスクールミッションを紐付けることとした。

おそらく、どの学校でも年度初めに年間目標や年間指導計画といった短期目標を作成するが、その他に5年や10年のもっと長いスパンを考える中長期の計画を立てることがあるだろう。本校においては、この中長期の計画が「学校改革実施計画」であるが、これまでは短期の目標とこの中長期目標の2つを結びつけて考えることが十分にできていなかった。

先の10年次検証で反省として挙がったのがこの点で、最初に立てた「改革実施計画」(中長期計画)を意識することなく、年間目標や計画を立てることが習慣化していたため、10年間を振り返った時に、計画と実践の検証が難しくなってしまった。

長い見通しでの目標や計画があって、それに沿って短期の目標や計画を立

て、実践していくのが理想だが、そのことが忘れられていたため、それを反省して、次に計画を立てる際は年間計画と中長期の計画がしっかりと結びつく形にしていこうと確認をしていた。

そうしたことがあって、今回の「第2次改革実施計画」の策定では、スクールミッションを踏まえて作成し、スクールミッションを軸に、年間目標や各計画が中長期の計画と連携することを目指して進めることにした。

具体的には、「第2次改革実施計画」内の個別の計画について、原案の作成を各分掌に依頼する際、スクールミッションを入れ込んだ様式を渡し、これを意識した計画を作成してもらうようにお願いをした（**図表4-3-5**を参照）。年間計画作成の際も同様に、各分掌で計画を作成する用紙に「第2次改革実施計画」の目標（スクールミッションと関連させた中長期の目標）を記載し、意識して作成してもらえるようにした。

こうすることで、「スクールミッション→第2次改革実施計画（中長期計画）→年間計画（短期計画）」というつながりができ、新年度に年間計画を立てる際には必ずスクールミッションとのつながりを意識できるようにした。

ここでの気づき、ポイント

- **「スクールミッション→第2次改革実施計画（中長期計画）→年間計画（短期計画）」のつながりを意識すれば、継続性を持った計画を立てられる。**
- **年間計画の作成用紙にスクールミッションを記載することで、各分掌で計画する際に意識してもらうことができる。**

②学校教育目標とスクールミッション、スクールポリシーを周知し、浸透させる

次に取り組んだのは、学校教育目標とスクールミッション、スクールポリシーを本校に関わる誰もが理解できている状態にすることである。

そのために、視認しやすい掲示物を作成し（**図表4-3-6、4-3-7**を参照）、廊下や昇降口等に掲示するとともに、各教室に小さく書かれていた学校教育目標

【第2次学校改革計画の作成にあたって】

次のスクールミッションを意識して、個別計画(案)を作成してください。

C: 人との関わりを大切にし、地域社会で主体的に活躍することができる
D: 人生の目標や夢を持ち、その実現に向けて挑戦することができる
I: 探究の見方と考え方を働かせ、課題を発見し、解決することができる

個別計画５　キャリア教育計画

方針　1	C：地域と連携したキャリア教育の推進
具体的な取組	・地域や校外での人材育成事業への参加の推進 ・市役所主催の人材育成事業への生徒参加 ・大学やＮＰＯ等が実施する人材育成事業への生徒参加 ・地域イベントへの生徒参加の支援

方針　2	D：夢や目標の実現を支援する体制の構築
具体的な取組	・キャリアにつながる講演会や体験機会の設定 ・キャリア講演会の実施 ・１年生を対象とした職業人講話の実施 ・大学や職場への訪問や体験の設定 ・高校卒業後の姿をイメージできる機会の設定 ・卒業生と在校生がつながる機会の設定 社会生活や職業生活への円滑な移行に求められる力を身に付けるために、体系的なカリキラムを開発する。生徒が自然な流れの中で自らを見つめ、考えられる機会を設定し、指導の継続的な評価と改善を行う。

方針　3	I：探究学習を通じたキャリア教育の推進
具体的な取組	・究タイムや学科での探究学習との連携 ・「自分スピーチ」や学科研修への支援 ・キャリア教育に対する探究学習の効果測定（アセスメント）

図表 4-3-5　第２次学校改革計画の作成にあたって

富士市立高校　教育目標・スクールミッション(案)

「自律する若者」 ＊自律…自ら考え、自ら行動する

C 地域との協働	人との関わりを大切にし、地域社会で主体的に活躍する生徒を育てる
D 夢の実現	人生の目標や夢を持ち、その実現に向けて挑戦する生徒を育てる
I 探究の精神	探究の見方と考え方を働かせ、本質を追求し、課題を解決する生徒を育てる

図表 4-3-6　教育目標・スクールミッション(案)

富士市立高校 スクールポリシー「育成を目指す6つの力」(案)

主体性	地域社会に主体的に参画し、行動することができる
協働する力	様々な人と協働して課題解決を目指すことができる
チャレンジ力	未知の事柄や新しい活動にも挑戦することができる
実行力	夢や目標の実現に向け、具体的な努力を続けることができる
状況把握力	周囲の状況や考えを把握し、判断することができる
論理的思考力	論理的に考えを進め、探究を深めていくことができる

図表 4-3-7　スクールポリシー「育成を目指す 6 つの力」(案)

も刷新し、大きく分かりやすいものに変更して、周知を図った。さらには、校内のみならず、校外への周知（メッセージ）も重要であると考え、学校案内やホームページにも学校教育目標とスクールミッション、スクールポリシーを掲載した。

学校に限らず、企業の経営においても、企業の方向性を明確にする理念や目標が立てられ、その下に各計画や戦略を立て、実行されていく。この理念や目標に相当するのが、学校においては教育目標やスクールミッションである。この教育目標やスクールミッションが学校の方向性を示す羅針盤であることは、本校の取り組みにおいて確認してきたことであるが、この羅針盤が教職員や生徒のなかで共通認識がなければ、意味のないものになってしまう。個々の教育内容も「なぜ行う必要があるのか」、「何を目指して行っているのか」という疑問が生まれ、一貫性のないものとなりかねない。

ここまでの周知でどれほど浸透したかについて、それを確認するために教職員を対象にアンケート（令和5年実施）を行った。その結果は以下のとおりである。

- 教育目標「自律する若者」を知っていますか？……知っている 100%
- 本校のスクールミッション「CDI」を知っていますか？……知っている 100%
- 本校のスクールポリシーにあたる「6つの資質能力」を知っていますか？……知っている　90.9%　知らなかった 9.1%

この結果をみると、教育目標やスクールミッションは認知度が高いが、スクールポリシーに掲げている6つの力はまだ浸透できていないことが分かった。最初に作成した際の研修から少し時間が経ってしまい、その間十分な周知ができていなかったと反省し、今後は授業等での活用機会を作る方策を考え、実行していきたいと考えている。

ここでの気づき、ポイント

・掲示物の作成やＨＰへの掲載等により、教育目標等に対する本校教員の認知度は高い。

・今後は授業等での活用機会を増やし、更なるスクールポリシーの浸透を図りたい。

③生徒の振り返りにスクールポリシーの項目を取り入れる

前項と関連して、もう1つ行ったことは「総合的な探究の時間（究タイム）」で行っている振り返りシートに、スクールポリシーに関する項目を取り入れたことである（**図表4-3-8**を参照）。「究タイム」では、これまでも単元ごとに振り返りの活動を行ってきたが、そこで用いるワークシートに資質能力の項目を入れることで、生徒がそれを自己評価できるように変更した。

これによって、生徒が自身の成長を確認できるだけでなく、スクールポリシーを認識するきっかけになると考えた。また、担当する教員もこのワークシートの活用やフィードバックを通して、スクールポリシーへの意識を高めてもらうことを目指した。

IRとは少し話が逸れるが、本校の取り組みで紹介できることの1つに、「究タイム」を入口にして、様々な新しい取り組みを始めてきたことがある。「究タイム」は「総合的な探究の時間」で実施している活動だが、各クラス担任ともう1名の教員によるTT（チームティーチング）の形で授業を行っている。そのため、多くの教職員が関わることとなり、しかも、授業前には必ず担当教員が集まって会議を行うので、新しい取り組みを共有しやすく、それを全体的な取り組みにもつなげていきやすい。

「究タイム」で新しい取り組みに慣れ、それを各教科の授業でも活用するという波及効果も生まれやすく、実際にこれまでも「究タイム」をきっかけに、探究型の授業デザインや協働、アウトプットやリフレクションの実施、「社会とつながる学び」といった学習活動、ICTやオンラインの活用等、数多くの取り組みを広めることができた。各教科の授業では実施が難しく思

1年後期究タイム「ディベート」振り返りシート　HRNO　氏名

1、後期の学習を振り返り、「6つの力」に関する取り組みを自己評価しよう。(点数は5点満点で)

			点数
C	主体性	班活動(立論の作成等)や試合の場面で、自らすすんで活動できた。	
	協働する力	班活動や試合の場面で、班員と協力して取り組むことができた。	
D	チャレンジする力	自分たちの論が効果的に伝わるよう、試合で積極的な発言ができた。	
	実行力	立論や反駁の作成では、簡単に妥協することなく最後まで努力できた。	
I	傾聴力(状況把握力)	ジャッジの場面では、どちらの論が優れているかを聞き取り、判断できた。	
	論理的思考力	自分たちの意見に対し、根拠やつながり(過程)をよく考えることができた。	

2、上記から自己評価の点数が高い力を 2 つ選び、今回の学習での具体的な取り組みを書こう。

選んだ力	具体的な取り組み、活動

3、今回の学習を通して、グループで最も活躍したと思う人を挙げ、その理由を書こう。

活躍した人	理由

4、今回の活動を通して成長を感じることや気付いたこと、今後に生かしたいことを書こう。

図表 4-3-8　1年後期究タイム「ディベート」振り返りシート

えることも、総合的な探究の時間を入口にすることで取り組みやすくなる。今回もそのやり方で、スクールポリシーを「究タイム」のリフレクションに取り入れ、スクールポリシーへの意識を全体に広げていく方法を取ることにした。

この取り組みはまだ始めたばかりだが、既に「究タイム」だけでなく、HRや学校行事等でも資質能力を意識したリフレクションを行っているクラスも出てきている。資質能力の育成への意識は校内に広がりつつあるので、各教科の授業での活用も進め、たとえば、現在行っている授業アンケートに資質能力に関する項目も入れてもらえるとよいと考えている。

他にも、入学時と卒業時にはスクールポリシーに関する「IR アンケート」の調査も始めており、今後も様々な方法でスクールポリシーの浸透を図っていきたい。

ここでの気づき、ポイント

- **スクールポリシーで示す資質能力の項目を、「総合的な探究の時間」のリフレクションに取り入れることで、生徒と担当教員に意識してもらうことができた。**
- **本校では、まず「総合的な探究の時間」で新しい取り組みを実施してきた。多くの教員が関わるため、学校全体に広げていきやすく、今回もその方法で進めた。**

(3) データの整理、活用（令和4年4月〜現在）

ここまでの取り組みで、「探究の効果とその可視化」という当初の目的を達成するための基盤が整備できたと考え、現在は探究の効果やスクールポリシーの達成を見ていくための「データ活用」に活動が移っている。その取り組みは以下のとおりである。

①トランジションタイプによる分析

データ活用でまず行ったのは、トランジションタイプによる分析だ。これは先述した活動初期のミーティングでの話に戻るが、そこでは毎回課題を出していただき、次回までにメールで提出することとなっていた。その最初の課題が、従来行っている外部模試と「学びみらい PASS」の結果をクロス分析し、トランジションタイプでの分析を行うというものであった。

この時の分析は今後の練習として行った側面が強かったが、新学習指導要領に示されている学力の三要素を意識し、「知識・理解」を従来の外部模試の結果、「思考・判断・表現」を「学びみらい PASS」のリテラシー、「学びに向かう姿勢・人間性等」を「学びみらい PASS」のコンピテンシーの結果を使い、その学習データをクロス分析して、タイプ分けを行っていくというものだった。その結果をまとめたものが次のグラフである（**図表 4-3-9** を参照）。

このトランジションタイプとは、溝上先生に教えていただいたものだが、大まかに言えば、「学力の三要素のバランスが良く、社会に出た後の活躍も

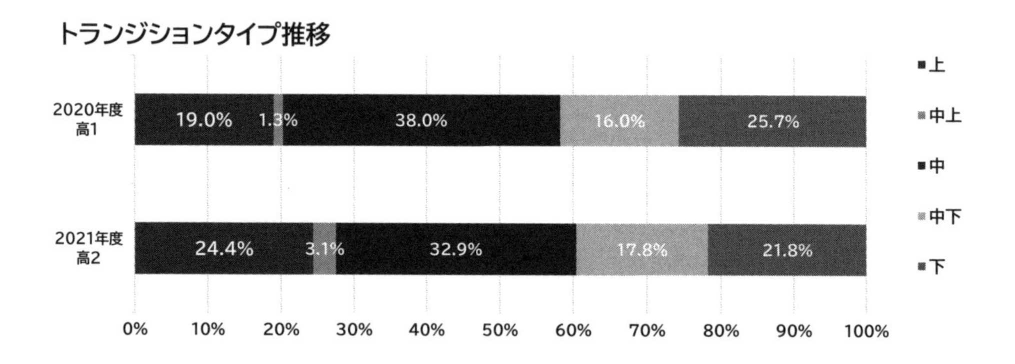

○○○ ○△○	上
△○○	中上
△△○	中中
○○△ ○△△	中下
△○△ △△△	下

基礎学力／リテラシー／コンピテンシーの到達度を○△で分け、左表の並びで社会で活躍できる可能性をトランジションタイプとして示している。

図表 4-3-9 トランジションタイプ推移

期待できる生徒」を上位とし、「上」から「下」の5段階に分類したものとなっている。本校の場合で言えば、この年度の生徒は「上」と「中」の生徒が多く、「中上」の生徒は少ない。「中上」は「リテラシーやコンピテンシーが高いのに模試の成績は低い」という生徒なので、この結果から「本校ではリテラシーやコンピテンシーが高い生徒は模試の成績も高く、模試成績が上位の生徒は三要素のバランスもよい」という傾向があることが分かった。

また、1年次と2年次の比較では、1年次よりも「上」や「中上」の生徒の割合が増えていたため、これをさらに調べると、上位生徒が増加した理由に「リテラシーの向上」があることが分かった。本校では探究学習で課題発見や情報収集、調査・分析といった活動を行っているので、この結果にはその成果が表れているのではないかと感じた。今後も継続してトランジションタイプを見ていき、卒業後の進路等との関連も調べてみたいと考えている。

ここでの気づき、ポイント

- **トランジションタイプによる分析で、学力の三要素のバランスを見ることができた。**
- **本校では、模試成績が上位の生徒は三要素のバランスもよいことが分かった。**
- **リテラシーの向上が見られたため、本校の教育活動（探究学習等）の効果を感じた。**

② IR個票の検討

続いて、生徒に関する校内データを集約し、個人カルテのような形で個票にまとめていくことに取り組んだ。これにより、成績を大きく伸ばした生徒の特徴等を様々な角度からデータで示すことができ、今後の生徒理解や指導に活用してもらえるのではないかと考えた。

具体的には、評定平均や外部模試の成績、学びみらいPASSの結果といった学習データ、進路希望調査や各種アンケート、校外活動の成果、卒業後の進路といった様々なデータを1つのシートにまとめ、その活用法を模索していった。

しかし、これは結論から言えば、ここまであまり上手くいっていないというのが正直なところである。生徒IDで紐付けして色々なデータを1つにまとめたが、そこからどうすればよいかの活用の部分が上手く続かなかった。

自分たちにデータ分析の専門性や力量が不足しているのだと思い、大学ではIRの取り組みが非常に進んでいると聞いたことから、オンラインで数多く開催されていた大学向けのIRの研修会にも参加したり、データ分析のソフトにも手を出したりして、色々とヒントを求めたが、かえって収拾がつかなくなってしまった。

溝上先生からも「高度なデータ活用へと手を広げすぎず、まずはできるところから始めた方がよい」とレクチャーを受けていたが、いつの間にかその方向に進んでしまっていた。この経験から、データの蓄積や活用はシンプルさが大事だということに気付かされた。そして、データを活用する場面や目的をよく考えること、仮説を立てることが重要だと考えた。

そこで、改めてシンプルなデータ活用を目指し、スクールポリシーに示した「6つの力」の達成を示すことを目的に、それに絞ったアンケート調査を行い、その分析を試みることにした。次にその実施内容を示す。

ここでの気づき、ポイント

- 大学のIRの取り組みを参考に活用を模索したが、現時点では上手く行っていない。
- 高度なデータ活用に手を広げず、できるところから始めた方がよいことを確認できた。
- まずは、スクールポリシーに掲げた資質能力の達成をデータで示すことから始めたい。

③ IRアンケートの実施、活用

前段の反省をもとに、スクールポリシーに示した「6つの力」の達成を測るため、「IRアンケート」として、入学時と卒業時の生徒にアンケートを実施した。アンケートの質問項目は次のとおりで、本校が示す「6つの力」に対する自信度について、入学時と卒業時に生徒に同じ内容を4件法で聞き、スクールポリシーの育成に関する達成度の測定を目指した。

ア、コミュニケーション能力や人と協働する姿勢を身に付けることができましたか。

イ、富士市や社会に貢献しようとする気持ちを持つようになりましたか。

ウ、自分の成長のために、新しいことにチャレンジする姿勢を持てるようになりましたか。

エ、夢や目標の実現を目指し、努力を続ける力を身に付けることはできましたか。

オ、周囲の状況や他者の考え方をよく理解し、自分の判断や行動に活かすことができますか。

カ、探究学習で学んだ力（調べたり考えたりする力、発表する力、論理的に考える力）を今後に活用することができると思いますか。

このアンケートは令和3年から実施したため、現時点では入学時のアンケート対象の生徒がまだ卒業しておらず、同一生徒集団での比較はできていないが、ここまでの結果（**図表4-3-10**を参照）からもいくつか見えてきたことがあった。

まず気付いたのは、本校の生徒は入学の時点で「かなり持っている」、「持っている」という肯定的な回答をしている生徒が多いということだ。ほぼ全ての項目で80％を超える結果となっている。このことについては、本校の探究学習や社会とつながる学び、アウトプットを重視するスタイルへの理解が中学校にも広まり、そうした学習を望んで入学してくる生徒が多くなっているという見方ができるのではないかと考えた。これについては、も

スクールポリシー（6つの資質能力）

ア　コミュニケーション能力に関する質問への回答

	R4入学生	R5入学生	R3卒業生	R4卒業生
かなり持っている	13.5%	17.4%	46.9%	24.8%
持っている	64.9%	63.7%	49.3%	69.7%
あまり持っていない	20.3%	18.1%	2.8%	5.5%
全く持っていない	1.4%	0.8%	0.9%	0.0%
	100.0%	100.0%	100.0%	100.0%

協働する力（コミュニケーション力）

イ　地域や社会に貢献する気持ちに関する質問への回答

	R4入学生	R5入学生	R3卒業生	R4卒業生
かなり持っている	9.9%	14.8%	30.8%	52.8%
持っている	75.7%	70.9%	59.2%	45.9%
あまり持っていない	12.6%	14.3%	7.6%	1.4%
全く持っていない	1.8%	0.0%	2.4%	0.0%
	100.0%	100.0%	100.0%	100.0%

主体性（地域参画）

ウ　（夢の実現への）努力を続ける力に関する質問への回答

	R4入学生	R5入学生	R3卒業生	R4卒業生
かなり持っている	17.1%	21.1%	42.2%	40.4%
持っている	64.4%	61.2%	50.2%	57.3%
あまり持っていない	18.5%	17.3%	5.7%	2.3%
全く持っていない	0.0%	0.4%	1.9%	0.0%
	100.0%	100.0%	100.0%	100.0%

実行力

エ　チャレンジする姿勢に関する質問への回答

	R4入学生	R5入学生	R3卒業生	R4卒業生
かなり持っている	23.9%	27.8%	45.5%	47.2%
持っている	67.1%	61.6%	50.7%	50.9%
あまり持っていない	8.6%	10.6%	2.8%	1.8%
全く持っていない	0.5%	0.0%	0.9%	0.0%
	100.0%	100.0%	100.0%	100.0%

チャレンジ力

オ　周囲の状況や他者の考えを理解し、活かす力に関する質問への回答

	R4入学生	R5入学生	R3卒業生	R4卒業生
かなり持っている	12.6%	23.2%	40.8%	36.2%
持っている	76.1%	65.0%	55.9%	62.4%
あまり持っていない	10.8%	11.8%	2.4%	1.4%
全く持っていない	0.5%	0.0%	0.9%	0.0%
	100.0%	100.0%	100.0%	100.0%

傾聴力（状況把握力）

カ　探究的な力（調査分析、論理的思考、表現）に関する質問への回答

	R4入学生	R5入学生	R3卒業生	R4卒業生
かなり持っている	9.0%	13.9%	43.4%	48.6%
持っている	68.0%	70.9%	51.9%	49.1%
あまり持っていない	22.5%	15.2%	3.8%	2.3%
全く持っていない	0.5%	0.0%	0.9%	0.0%
	100.0%	100.0%	100.0%	100.0%

探究する力（論理的思考力）

図表 4-3-10　IR アンケート結果

う少し掘り下げて調べる必要があるとは思うが、いずれにせよ積極的な回答が見られたことは確かで、生徒が各項目に対して自信を持っている実態が分かった。

また、この結果をさらに見ていくと、「かなり持っている」、「持っている」の回答割合を入学生と卒業生で比較した場合、卒業生の方が「かなり持っている」と答えた生徒の割合が高く、その差がどの項目においても見られる（特に主体性、実行力、探究する力ではその差が大きい）ことが分かった。この結果からは、生徒が本校での高校生活を通して、各資質能力に対する自信を深め、より強い自信を持って卒業していることが見て取れた。

この結果を「IR 通信」としてまとめて校内外に示したところ、本校が学校全体で探究学習に取り組んできた成果だという声も挙がり、反響は概ね好評だった。たしかに、同一生徒集団を経年比較したものではないので大きなことは言えないが、今後経年比較できるようになれば、本校の教育活動の効果を可視化するデータの 1 つとして活用できるのではないかと考えた。

さらに、この IR アンケートの結果と「学びみらい PASS」の結果を使ったクロス分析も実施した。調査対象は本校 9 期生（令和 3 年度卒業生）と 10 期生（令和 4 年度卒業生）の生徒で、その生徒が「学びみらい PASS」を 2 年次に受検した結果とその同一生徒が卒業時に回答した IR アンケートの結果を比較した。

調査では、「学びみらい PASS」のリテラシーとコンピテンシーの成績が 3 以上の集団と 2 以下の集団に分け、その集団間で IR アンケートの回答のスコアに差があるかを確認した。

河合塾では、リテラシーは知識を活用して問題を解決する力、コンピテンシーは自分と自分を取り巻く世界とよりよい関係を築く力と定義しており、その両者からジェネリックスキル（社会で求められる汎用的な能力・態度・志向）を測るとしている。IR アンケートについては先に述べたようにスクールポリシーに示す「6 つの力」に関する質問を 4 件法で聞いており、その回答を 4 段階（最高値は 4）で数値化している。

最初にまずリテラシーと IR アンケートの結果の関係を見ていったところ

スクールポリシーとリテラシーの関係性

卒業時の6つの質問（スクールポリシー）	リテラシー					
	9期生			10期生		
	3以上	2以下	差	3以上	2以下	差
コミュニケーション能力や人と協働する姿勢を身に付けることができましたか。	3.41	3.43	-1%	3.14	3.22	-3%
富士市や社会に貢献しようとする気持ちを持つようになりましたか。	3.18	3.19	0%	3.51	3.52	0%
夢や目標の実現を目指し、努力を続ける力を身に付けることはできましたか。	3.33	3.32	0%	3.43	3.35	2%
自分の成長のために、新しいことにチャレンジする姿勢を持てるようになりましたか。	3.44	3.38	2%	3.49	3.44	1%
周囲の状況や他者の考え方をよく理解し、自分の判断や行動に活かすことができますか。	3.41	3.34	2%	3.33	3.36	-1%
探究学習で学んだ力（調べたり考えたりする力、発表する力、論理的に考える力）は今後に活用することができると思いますか。	3.38	3.39	0%	3.50	3.45	1%
平均値	3.36	3.34	0%	3.40	3.39	0%

※スクールポリシーアンケートは、かなりできる4，できる3，あまりできない2，できない1で計算している

図表4-3-11　スクールポリシーとリテラシーの関係性

（**図表4-3-11**を参照）、9期生も10期生もリテラシーの成績が3以上の生徒と2以下の生徒で、アンケートへの回答の差は見られなかった。このことからリテラシーの高低は、スクールポリシーに示す資質能力に対する自信度には影響がないといってよいと考えた。

一方で、コンピテンシーの方を見ると、こちらは比較した結果に差が見られた（**図表4-3-12**を参照）。成績が3以上の生徒集団の方が2以下の生徒集団よりも、アンケートに肯定的な回答をする割合が高く、卒業年度（9期生と10期生）で若干の差はあるが、ほとんどの項目でコンピテンシーの成績が3以上の生徒の方が回答の数値も高く、ほとんどの項目で0.2ポイント以上の差が見られた。

そもそもコンピテンシーと資質能力とは近しい関係にあるので、これは当然といえば当然の結果ではあるが、この結果から本校で実施するIRアンケートと「学びみらいPASS」の測定に齟齬はないことが確認できた。そして、本校の場合は「学びみらいPASS」のコンピテンシーの成績と「本校が育成を目指す資質能力」に対する生徒の自己評価には相関が見られ、スクールポリ

スクールポリシーとコンピテンシーの関係性

卒業時の6つの質問（スクールポリシー）	コンピテンシー					
	9期生			10期生		
	3以上	2以下	差	3以上	2以下	差
コミュニケーション能力や人と協働する姿勢を身に付けることができましたか。	3.59	3.20	11%	3.29	3.04	8%
富士市や社会に貢献しようとする気持ちを持つようになりましたか。	3.23	3.13	3%	3.65	3.31	9%
夢や目標の実現を目指し、努力を続ける力を身に付けることはできましたか。	3.48	3.09	11%	3.49	3.21	8%
自分の成長のために、新しいことにチャレンジする姿勢を持てるようになりましたか。	3.55	3.19	10%	3.55	3.33	6%
周囲の状況や他者の考え方をよく理解し、自分の判断や行動に活かすことができますか。	3.46	3.22	7%	3.45	3.20	7%
探究学習で学んだ力（調べたり考えたりする力、発表する力、論理的に考える力）は今後に活用することができると思いますか。	3.44	3.31	4%	3.54	3.36	5%
平均値	3.46	3.19	8%	3.50	3.24	7%

※スクールポリシーアンケートは、かなりできる4，できる3，あまりできない2，できない1で計算している

図表4-3-12　スクールポリシーとコンピテンシーの関係性

シーを達成するためにコンピテンシーを伸ばすことが1つの鍵になることも見えてきた。

スクールポリシーの達成が教育目標やスクールミッションの達成に繋がることはこれまでも確認してきたとおりであるが、本校の学びの特色（体験的な課題解決学習とアウトプット重視のスタイル）を考慮しても、コンピテンシーの育成を意識していくことは非常に重要であることをこのデータからも確認できた。

ここでの気づき、ポイント

- **IRアンケートの「かなり持っている」という回答の数値から、本校の生徒は入学時よりも卒業時の方が資質能力への自信を深めていることが感じられた。**
- **IRアンケートと「学びみらいPASS」のコンピテンシーの結果には相関が見られた。**

④三者面談でのデータ活用

もう1つ、本校のデータ活用の取り組みに、「学びみらいPASS」を入口にして、三者面談の際に、担任の教員から生徒と保護者に資質能力を話題にしてもらったということがある。

「学びみらいPASS」を活用した理由は3つあり、1つは従来から「学びみらいPASS」を受験はしていたが、その結果を上手くフィードバックできていなかったことがある。教員も生徒、保護者もこの結果をもとに何をしたらよいのか分からないままだったため、そうした現状を改善したいと考えたからである。

2つめは、前項で述べたように「学びみらいPASS」のコンピテンシーと本校のスクールポリシーで示す資質能力に関連が見られると考えたからだ。「学びみらいPASS」では、コンピテンシーを対人基礎力、対自己基礎力、対課題基礎力の3つの要素に分けており、対人基礎力については、本校が育成を目指す「協働する力（コミュニケーション力）」と重なる。「学びみらいPASS」では、このコンピテンシーとリテラシーを合わせて「ジェネリックスキル（社会で求められる汎用的な能力・態度・志向）」としているが、このジェネリックスキルという考え方には、これからの社会を生き抜く力が意識されており、本校の教育目標である「自律する若者」にも共通するものがあると考えた。

そして、3つめの理由は、本校で行った探究学習に関する校内研修が大きく関係している。この研修では桐蔭横浜大学の森朋子学長を招き、「今後、考えられる探究学習の取り組みと評価指標」と題した講演をしていただいたが、そこで改めて探究学習の必要性を示していただくとともに、「認知的スキル」や「社会情動的スキル」について分かりやすく説明していただいた。そのことがきっかけとなって、本校ではこの研修を境に「認知的スキル」や「社会情動的スキル」という言葉が広まり、その重要性への認識も高まった。

あわせて「認知的スキル≒リテラシー」、「社会情動的スキル≒コンピテンシー」という認識も広まり、教員からも「本校の学びは、偏差値や進学率で測るのではなく、体験的な課題解決学習を通して、コンピテンシーを高めることからやっていくべきではないか」という言葉も聞かれた。そこで、学年主任と担任の教員に協力を仰ぎ、1年生の5月に受験した学びみらいPASSの結果について、三者面談の際に生徒と保護者にジェネリックスキルや資質能力を説明してもらうことにした。

次に示すようなワークシート（**図表4-3-13**を参照）を用意し、「学びみらいPASS」の結果と各スキルの伸ばし方、ジェネリックスキルや本校が育成を目指す資質能力（スクールポリシー）との関連について、説明するための資料を作成し、三者面談で活用してもらうこととした。

実際にこのシートを三者面談で活用してもらったところ、説明がしやすかったということで、概ね好評であった。特に、ジェネリックスキルの必要性や内容に関する説明について、保護者の方から「説明されて、結果に書かれてある特性について理解できた」、「どうしたら伸びるかも書いてあるので具体的な行動に移しやすい」という意見があり、担任の教員からも「通知表以外にも褒める要素があって良かった」、「どうすればよいかについても記載があるので説明しやすかった」という意見が挙がった。

ここでの気づき、ポイント

- **本校では、「認知的スキル」や「社会情動的スキル」、「ジェネリックスキル」といった言葉が広まり、スクールポリシーに対する重要性への認識が高まった。**
- **三者面談での活用はシートを用意したこともあって、好評だった。**

4. まとめ

今回の高校版IRの活動を通して感じたことは、溝上先生に以前教えていただいた「2つのライフ」の考えに通ずるものがあるということだ。「2つのライフ」は発達や成長に関するものだと理解しているが、将来を見通しながら現在を捉えていくという点では、スクールミッションやスクールポリシーにおいても共通していると感じた。

学びみらいPASS報告書　　HRNO

（リテラシーとコンピテンシーの合計が6以上を目指そう）　　氏名

今回

	総合	大分類		下位要素	
リテラシー（4が大学生平均）	1			情報収集力	1
				情報分析力	1
				課題発見力	4
				構想力	1
	総合	大分類		中分類	
コンピテンシー（3が大学生平均）	3	対人基礎力	4	親和力	4
				協働力	4
				統率力	3
		対自己基礎力	3	感情制御力	3
				自信創出力	3
				行動持続力	3
		対課題基礎力	2	課題発見力	3
				計画立案力	3
				実践力	3

前回

	総合	大分類		下位要素	
リテラシー（4が大学生平均）	0			情報収集力	0
				情報分析力	0
				課題発見力	0
				構想力	0
	総合	大分類		中分類	
コンピテンシー（3が大学生平均）	0	対人基礎力	0	親和力	0
				協働力	0
				統率力	0
		対自己基礎力	0	感情制御力	0
				自信創出力	0
				行動持続力	0
		対課題基礎力	0	課題発見力	0
				計画立案力	0
				実践力	0

今回	
リテ×コンピ	△○
志向性	5 進学準備中タイプ
進路希望	4 専門学校
文理希望	1 文系希望
進学見通し	3 あまり考えていない
準備行動	3 思っているがまだ
指導上のアドバイス	将来についてはそこそこ考えているが、学習のスイッチが入っていない。スイッチが入れば行動できる力をもっており、さらなる成長が期待できるため、より具体的な目標や短期的な計画を立てることで行動を促していきたい。

前回	
リテ×コンピ	0
志向性	0
進路希望	
文理希望	
進学見通し	
準備行動	
指導上のアドバイス	

今後伸ばしたい能力

リテラシー	理由（伸ばすと自分にとってどんなメリットがありそうか？）
＿＿＿＿力	
＿＿＿＿力	
コンピテンシー	
＿＿＿＿力	
＿＿＿＿力	

図表 4-3-13　学びみらいPASS報告書

スクールミッションやスクールポリシーを上手く用いて、生徒の将来の姿や学校の存在意義を見通しながら教育活動を行っていくことで、生徒も学校もよりよい形で成長していくことができるだろう。

また、活動初期のレクチャーの際に、溝上先生から言われた「決して偏差値を否定するものではないが、教育目標に偏差値を上げることを掲げている学校はないのではないか」という言葉が強く印象に残っている。自分の経験でも、偏差値を上げることを無意識に目指してきたことには心当たりがあるが、その時も学校が教育目標としていたのは、生徒の生き方や将来、成長に関わるものであった。目標が掲げられているのにその達成が目指されていない。そうしたことがどこか当たり前になっていたことにも気付かされた。

これまでの時代はそれでも良かったかもしれない。しかし、現在の社会はAIの発達やコミュニケーションの変化、価値観の多様化によって、これまで通用していた常識や答えが通用しなくなってきている。こうした状況において、学校はもはや個の力に頼るだけではどうにもならず、目標や目的を共有し、学校全体で協働しながら取り組む姿勢が必要になっている。そして、その目標は、社会で「ウェルビーイング」の考えが重視されてきているように、生徒の人生や生き方につながるものであることが求められるはずだ。

また、「データサイエンス」という言葉が広まりつつある中、教育活動の成果をデータとして蓄積し、それをフィードバックして活用する取り組みは、DX化が進む今後の教育で欠かすことはできない。教員はデータの力を借りて、主観だけでなく多面的な視点から生徒の成長を支援し、生徒は自分の成長をデータで確認しながら学校生活に励む。そうした時代の、学校には生徒の学びの達成と成長をデータで示すことが求められるようになるだろう。

今回の実践で、そのすべてをクリアすることはできなかったが、データ活用に向けた地盤整備と今後の道筋をつけることはできた。AL(アクティブラーニング)によって私たちの授業のあり方は大きく変わったが、IRでは学校のあり方に対する考えが変わるというのも、今回の実践で感じたことだ。そのどちらも学習者中心の考えが根底にあり、生徒の学びと成長が重視されていることを確認することができた。

事例4　品川女子学院中等部・高等部

山本はるか（品川女子学院 教諭）
山崎　碧（品川女子学院 教諭）

1. 学校紹介

本校は東京都品川区にある中高一貫の女子校である。創立のきっかけとなったのは、1923年9月1日に発生した関東大震災だった。被災者に炊き出しを振る舞っていた地元の婦人会が、その報奨金を基に1925年に学校を設立した。創立時から変わらず社会で活躍する女性の育成を目指しており、2003年からは「28プロジェクト」を開始した。28プロジェクトとは高校卒業の18歳をゴールとせず、28歳前後に社会で活躍できる女性になることを目指した教育活動である。28歳は仕事で社会に貢献できるようになる年齢であり、プライベートでは結婚や出産を考える年齢[1]であることから、女性のライフデザインにおけるターニングポイントだと考えている。生徒達が28歳になった時に能動的に人生を設計できるように、様々な取り組みを実践してきた。この28プロジェクトの中から特徴的な活動を二つ紹介したい。

一つは特別講座である。品川という立地を活かして、卒業生を始めとする様々な業種で働く方にご協力いただき、教科の枠を超えた幅広いテーマを設定している。講義形式だけでなく、共通のゴールを設定して共同作業をするワークショップ形式の学びを多く取り入れている。特別講座は20年間継続しており、最近では在校生が企画して開講する講座も増えてきている。

もう一つは課題解決型学習の一種であるCBL（Challenge Based Learning）CBLだ。高等部1年生が家庭科の授業で約8カ月間かけてグループで探求活動を行う。各グループに1名メンター役の教員が付き、研究経過のチェックやプレゼンテーション指導、取材交渉などをサポートする。家庭科の教員が中心となって学校全体で協力体制を築いている。CBL の特徴は、課題を解決できたかどうかよりも、課題解決に向けて自分達でアクションを起こすことを高く評価する点にある。CBL の一環として特別講座を企画する生徒もおり、この二つの取り組みが相互に学習効果を高めている。

2. 学校教育目標の整理

IR に関する取り組みは、これまでに掲げてきた学校教育目標を教員全体で再確認するところから始まった（**図表 4-4-1**）。創立時からスクール・ミッションとして「社会で活躍する女性を育成する」ことを掲げ、創立者の漆雅子は創立者指針を『志願無倦（しがんうむことなし）』『明秀端雅（めいしゅうたんが）』と定めた。この指針は「目標を立てたら、それを達成しようと願う心を強く持ち、飽きることなく絶えず努力を続ける」という学ぶ者の決意と、「明るい心と知性を持ち、常にまっすぐに正しく生きる」という人の理想とする心を示している。のちに、校是が「自ら考え、自らを表現し、自らを律する」と定められた。これらの学校教育目標が、今の私たちに創立者の考えを伝承してきた。

スクール・ポリシーは、前述した 28 プロジェクトを始める際に理事長の漆志穂子が唱えた。「私達は世界をこころに、能動的に人生を創る日本女性の教養を高め、才能を伸ばし、夢を育てます」というスクール・ポリシーは教員視点の目標として今も学校のホームページやパンフレットの冒頭で掲げられている。旧校舎では全教室にスクール・ポリシーを示した看板があり、生徒も教員も日常的に学校教育目標を目にすることができたが、新校舎ではいずれの学校教育目標も掲示されていない。今後は生徒と学校教育目標の接点を増やしていくことが課題だ。

そして、本校が育成を目指す資質・能力は「起業マインド」である。起業マインドは、自ら社会の問題を発見し、多様な人を巻き込んで、問題解決に一歩踏み出す姿勢を持つことを指している。これは必ずしも起業家になることを目指すのではなく、生徒が社会のあらゆる場所で起業家的なマインドを持ち、他者に影響を与えながら協働することを目標としている。この起業

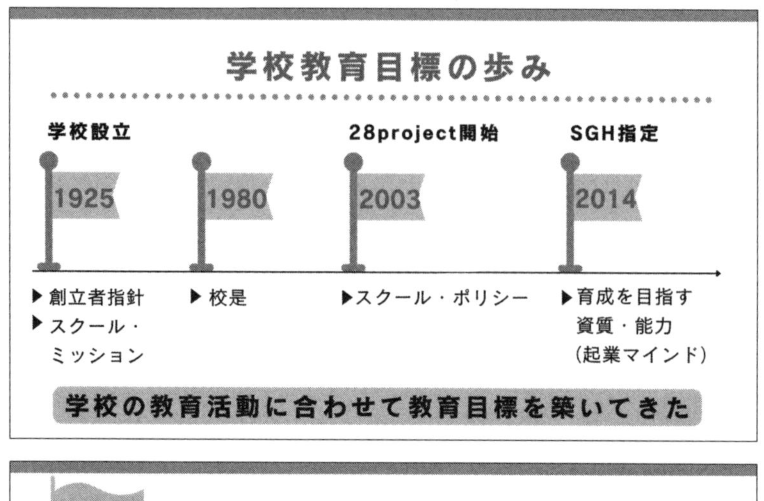

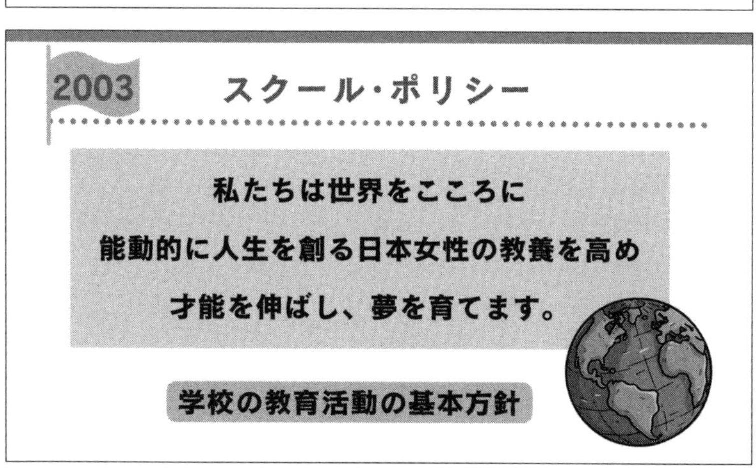

図表 4-4-1　校内研修資料より引用

マインドを育成するために、中等部の総合的な探求の時間では「デザイン思考」を活用した学習を行っている。デザイン思考では、①理解・共感 ②問題の定義 ③アイデア発想 ④試作＆検証のステップを繰り返し、多くの人に意見を聞きながらアイデアを磨いていく。CBLや起業体験、個人探究など様々な課題解決型学習において、生徒達はデザイン思考を使って取り組んでいる。そのため、このプロセスを参考に、起業マインドを構成する資質・能力として、「問題発見力」「共感力」「内省力」「発信力」を挙げ、さらにこれらの力を

図表 4-4-2　学校パンフレットの「品川女子学院で育てたい力」より引用

裏打ちするために必要な「基礎学力」を加えた（**図表 4-4-2**）。

前述の学校教育目標に沿った教育活動をできているか確認するために資質・能力を測るコア・ルーブリックを策定し、実施しながら生徒の実態に合わせて改良することにした。ルーブリックの記述語は、資質・能力の定義を基に決めるため、ルーブリックと資質・能力の定義を行き来しながら、同時進行で修正した。その過程について、次の節で詳述する。

3. 作業1

(1) 第1回ルーブリックの作成

2022年度4月に校内で作成した仮のルーブリック（**図表 4-4-3** を参照）を溝上先生に見ていただき、改良のための基本的な指導をしていただいた。

資質・能力の定義は、SGH（スーパー・グローバル・ハイスクール）[2] の申請

評価項目	4	3	2	1
問題発見力	周囲へ問題提起をし、他者の共感を得て解決に向けて努力できる。	世の中のおかしい・不思議だと思うことについて、他者との議論の上考察し、問題を指摘することができる。	世の中のおかしい・不思議だと思うことについて、他者と議論したことがある。	世の中におかしい・不思議だと思うことがあり、そのことについて自分で調べたことがある。
共感力	他者が抱えている問題点を共に解決するために努力できる。	他者が抱えている問題点について指摘し、納得してもらえるような説明ができる。	他者の話を聞き、自分の言葉で置き換えて表現ができる。	他者の話を聞き、気持ちや考え方を理解しようと努力できる。
発信力	他者にとっても価値のある意見を表明できる。	自分の発信に対して他者から意見を得て、より良い発表を作ることができる。	相手を意識した話し方で、他者との意見の相違が明示された発表ができる。	発表資料を作成し、発表時間を守って発表できる。
内省力	行動目標の修正を習慣化できる。	他者の意見を元に、行動目標を決めることができる。	自分の行動の記録について他者に評価してもらう機会をつくり、他者の意見を受け入れることができる。	行動の記録を残すことができ、自分自身を自己評価できる。

※参考　SGH申請資料より抜粋

問題発見力：自分を知り、他者との違いにおいてそれを意識し、違いを言語化することで、自分が何者でどうありたがっているのかを認識することができる力。そこから他者や社会と関わる動機を見つけ、社会の問題を発見し、解決する一歩を踏み出すきっかけとなる力。

共感力：他者性ともいえる。自分を知り自己主張もしながら、他者の考えを想像し、スムーズな共同作業を可能にする力。

発信力：大きく他者を巻き込むために、他者の意見を取り入れながら自分の意見をわかりやすく明示する力。国際社会でグローバル・リーダーとなるために必要な、共通言語を使いこなしての「英語コミュニケーション力」「英語プレゼン力」も含む。

内省力：常に自分を振り返り、自律的な行動を起こすための力。結果として、自分を正しく知ることにつながる。

図表4-4-3　4月末に送信した仮のルーブリック

書類を参考に考案した。尺度は1点から4点にかけて、個人で実行できる行動から、他者との関わりが必要な行動になるように変化をつけた。特に4点目では、自力で次のアクションを起こして継続できるという観点を加えた。

図表4-4-3のルーブリックに対して、溝上先生から二つのフィードバックをいただいた。一つは、定義とルーブリックの文章の表現が一致していないという点である。例えば、問題発見力は「自分を知り、他者との違いにおいてそれを意識し、違いを言語化することで、自分が何者でどうありたがっているのかを意識することができる力」と定義している。しかし、ルーブリックの最高評価では「周囲へ問題提起をし、他者の共感を得て解決に向けて努力できる」と記述していた。このように、同じ事柄を違う言葉で言い換えたことで、二重に定義してしまっていた。そのためルーブリックは資質・能力の定義に基づいて、できるだけ同じ記述語を使った方が良いというアドバイスをいただいた。もう一つは、ルーブリックの尺度間の差が分かりにくい点である。そこで、最も低い評価には「できない」「しない」などの否定的な表現を用いて、違いを明確に示した。さらに、4つの資質・能力に共通する評価点ごとの目安を設けることにした。2段階目は低学年に多い状態を想定し、3段階目は高学年で7割程度の生徒が達成している状態を想定した。4段階目は顕著な成果を上げた生徒が達成する状態を想定した。これらの目安を踏まえて、得点の差が均等になるように調整した。その後、神谷岳中等部校長と資質・能力の再定義を行い、生徒指導を通して得た理想像に基づいてルーブリックの記述語を改変した。具体的には、問題発見力におけるインサイトや、発信力における非凡なアイデアなどの言語化を試みた。

そして、2022年度6月末に作成した仮のルーブリック（**図表4-4-4**を参照）を再び溝上先生に見ていただき、ご指導いただいた内容を具体的に説明する。まず、自己評価をするにあたり自分自身で判断できないような分かりにくい表現を避けるようにした。例えば、「常に」「あらゆる」「細かく」などの副詞や、低学年が理解しづらい「推論」「対象」などの記述語は削除した。また、「他者」「対象」「相手」のように、同じ事を複数の言葉で表すことをせず、特定の同じ言葉で統一して記述するようにした。

評価項目	4	3	2	1
問題発見力	他者や社会への興味・関心を持ち、対象の観察をふまえて興味・関心を発展させ、問題の隠された原因を定義できる。	他者や社会への興味・関心を持ち、問題の一般的な原因を定義できる。	他者や社会への興味・関心を意識し、対象について調べたりすることができる。	他者や社会への興味・関心が無く、問題意識が低い。
共感力	自分と相手の価値観の差異を理解し、多様な意見を受け止めながら、自分の意見を深めることができる。	自分の価値観を意識し、感情に巻き込まれることなく、対象の立場を想像・推論できる。	自分とは違う意見を意識し、他者の立場を理解する姿勢を持つ。	自分の意見を通し、他者の意見を受け入れたことがない。
発信力	広く社会のためになる意見やアイデアを提供し、他者の行動を変容させられる。	有益なアイデアを他者に提供し、他者の中に新たな価値観を生む。	他者に提供する意見やアイデアを、順序立てて整理した形のもので提示できる。	意見やアイデアを他者に提供したことがない。
内省力	自己の行動を細かく記録し、あらゆる活動において、将来の目標を意識しながら、より良い行動を選択していける。	自己の行動を自発的に振り返り、問題点を認識して次の行動に実際につなげられる。	自己の行動について、機会が与えられたら振り返りを行い、問題点を認識して次の行動の指針を立てられる。	自己の行動について、振り返ったことがない。

各資質・能力の定義

問題発見力：身近な興味関心から他者や社会と関わる動機を持ち、他者の観察・理解をすることで、何が原因で問題が起きているのかを定義できる力。

共感力：相手の感情に巻き込まれることなく、他者の立場や考えを理解することで、自分の意見をより深めることができる力。

発信力：自分の意見やアイデアをわかりやすく明示し、社会をより良く変えていける力。

内省力：常に自分を振り返り、自律的な行動を起こすための力。結果として、自分を正しく知ることにつながる。

図表 4-4-4　6 月末に送信したルーブリック

また、問題発見力を問題が起きる「原因」を発見する力と定義していたが、一般的ではない複雑な内容となっていたため、シンプルに問題そのものを発見する力と定義した。

(2) 第1回ルーブリックの実施

2022年度7月19日（1学期終業式）に、中学1年生から高校2年生を対象に、改訂したルーブリック（**図表4-4-5**を参照）で生徒が起業マインドを自己評価する機会を設けた。

第1回ルーブリックの実施に向けて、職員会議で資質・能力の定義と仮のルーブリックを改訂したことを伝え、各学年における到達段階の目安を伝えた。また、本ルーブリックが全教科のルーブリックの根幹となる「コア・ルーブリック」であるため、具体的な行動内容ではなく、抽象的な行動原理を表していることを確認した。

本調査ではGoogleフォームを用い、資質・能力ごとの評価点とその評価理由を収集することにした。さらに、起業マインドという学校教育目標を生徒に共有するのは初めてだったため、教員から生徒への説明内容を統一するためにビデオを作成し、各クラスで視聴してもらうことにした。ビデオには、学校で身につけて欲しい資質・能力や、ルーブリックの実施理由、そして学校生活において意識して欲しいことを収録した。最後に、今回のルーブリックは試作であり、今後生徒と一緒に作り上げていきたいという方針も伝えた（**図表4-4-6**を参照）。

(3) 模試の偏差値と第1回ルーブリックの回答結果の関連について

夏期休暇中にルーブリックの結果を分析した。注目した点は、(1) 模試の偏差値と第1回ルーブリックの回答結果に関連があるか、(2) 学年が上がるにつれて評価が高くなっているか、の二つである。表計算ソフトを用いて分析した結果を以下にまとめる。

どのような生徒が何点を選択しているのかを可視化するために、模試偏差値と資質・能力の関係を調べた。生徒の成長段階が異なることから、中等部

評価項目	4	3	2	1
問題発見力	他者や社会への興味・関心を発展させ、他者の観察・理解をすることで、多くの人を納得させられる問題を発見できる。	他者や社会への興味・関心を発展させ、他者の観察・理解をすることで、根本的な問題を発見できる。	他者や社会への興味・関心を持ち、一般的な問題を発見できる。	他者や社会への興味・関心が弱く、問題を発見しない。
共感力	自分と他者の価値観の差異を理解し、多様な意見を受け止めながら、自分の意見を深めることができる。	自分の価値観を意識し、感情に巻き込まれることなく、他者の立場を想像できる。	自分とは違う意見を意識し、他者の立場を理解する姿勢を持つ。	自分の意見を貫き、他者の意見を受け入れない。
発信力	データをもとに意見やアイデアを導き、新たな価値観を他者に提供し、その結果他者の行動を変容させられる。	データをもとに意見やアイデアを導き、新たな価値観を他者に提供できる。	意見やアイデアを、順序立てて整理した形のもので他者に提示できる。	意見やアイデアを他者に提示しない。
内省力	自己の行動を自発的に振り返り、問題点を認識して、将来の目標に向かって自律的に行動できる。	自己の行動を自発的に振り返り、問題点を認識して実際の行動につなげられる。	自己の行動について、機会が与えられたら振り返りを行い、問題点を認識して次の行動の指針を立てられる。	自己の行動について、振り返らない。

各資質・能力の定義

問題発見力：身近な興味関心から他者や社会と関わる動機を持ち、他者の観察・理解をすることで、問題を深く掘り下げ、根本的な問題を発見できる力。

共感力：感情に左右されず、他者の立場や考えを理解することで、自分の意見をより深めることができる力。

発信力：自分の意見やアイデアをわかりやすく明示し、社会をより良く変えていける力。

内省力：自己の行動を自発的に振り返り、将来の目標に向かって自律的に行動できる力。結果として、自分を正しく知ることにつながる。

図表 4-4-5　7月に実際に実施したルーブリック（第1回ルーブリック）

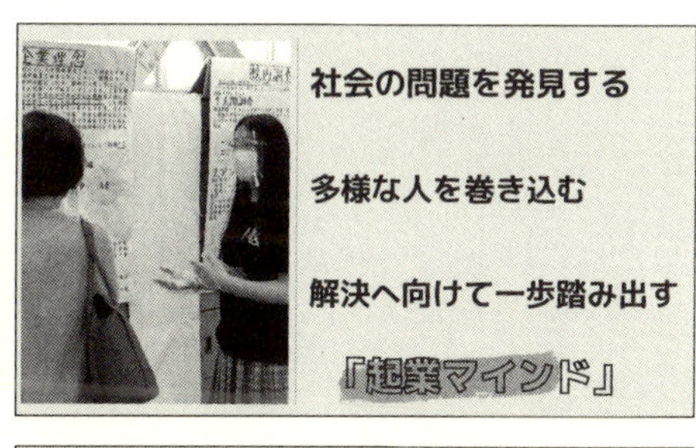

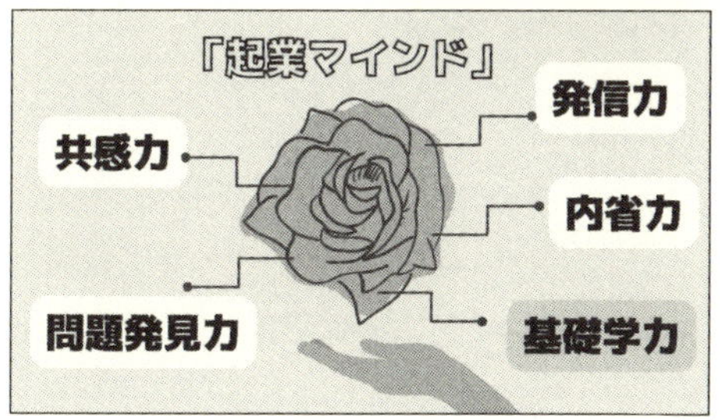

図表 4-4-6　ビデオに用いたスライドの一部

と高等部に分けてそれぞれ分析した。すると、中等部も高等部も模試の偏差値が高い生徒ほど資質・能力が上昇する傾向にはあるが、直線に近い形の関連が見られたのは中等部の内省力のみであった（**図表 4-4-7**、**図表 4-4-8** を参照）。

また今回の調査では、偏差値帯がS層の生徒の平均値が4段階評価中の3点を超えなかった。これは、どの資質・能力でも4段階目の記述語が分かりにくく、自己評価をしづらかったことが原因だと溝上先生からアドバイスをいただいた。例えば、発信力の4段階目にある「他者の行動を変容させる」という点は個人では判断しかねる。同様に、問題発見力の4段階目で「多くの人を納得させられる問題を発見できる」という点は、個人では判断できない。このようにルーブリックの表現が原因で、多くの生徒が4段階目を選ぶことができなかったと考えた。

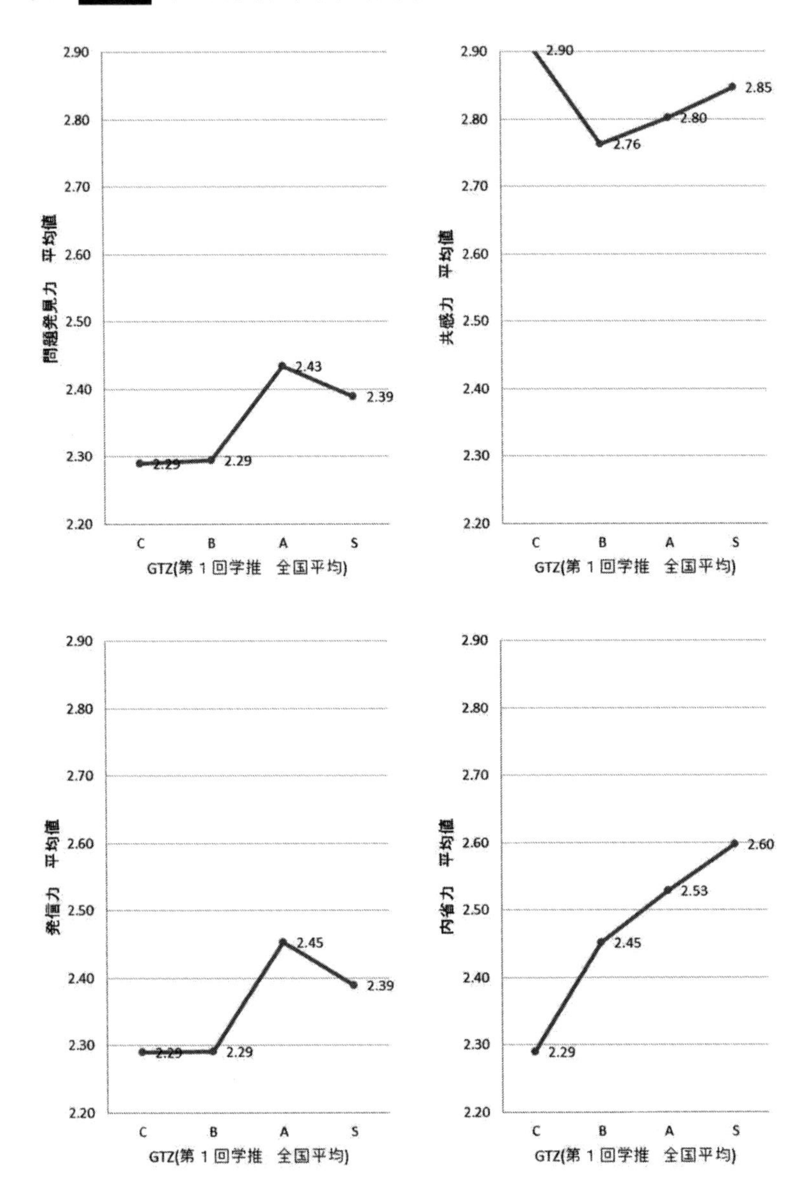

図表 4-4-7 資質・能力と模試結果の関連（中等部）

＊横軸が模試における偏差値の指標である。Sが最も高い指標となる。数値は各偏差値帯の生徒が回答したルーブリックの平均値を表している。目安として、S層の生徒とは難関大学の合格可能性が40〜60%となる生徒達である。

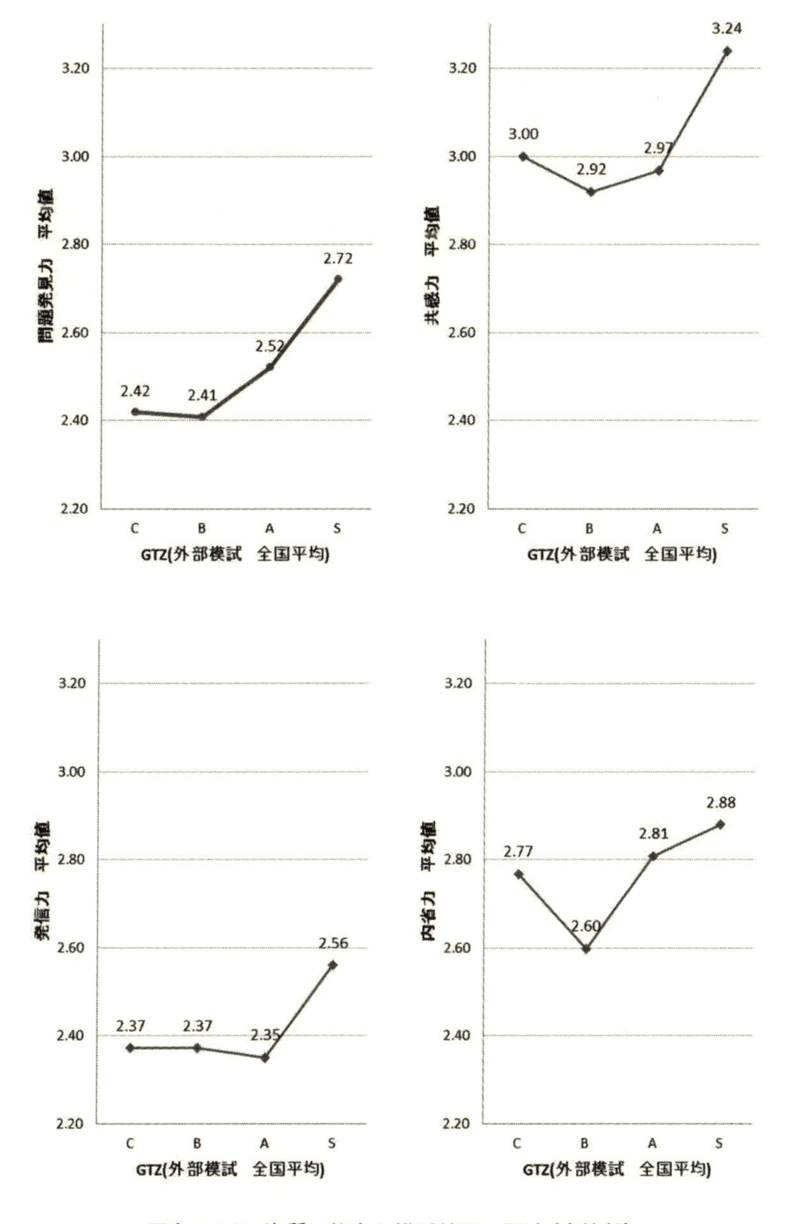

図表 4-4-8 資質・能力と模試結果の関連（高等部）

＊偏差値帯Ｓがどの資質・能力でも最も高い値となった。

4. 作業2

(1) 第2回ルーブリックの作成

改善に向けてダネル・スティーブンス、アントニア・レビ著『大学教員のためのルーブリック評価入門』(玉川大学出版部、2014)を参考に、「ブルームの認知的領域のタキソノミー（目標分類学）で使われている動詞」をルーブリックの記述語に用いることで、自己評価をしやすくした。

さらに調査の自由記述欄に、一部の生徒から「これは問題発見力ではないと思う」など、ルーブリックの記述内容そのものに疑問を持っていると思われるコメントがあった。これまで教員のみでルーブリックを考案してきたが、生徒の意見もルーブリックの記述語に反映させてみたいという視点も生まれた。

そこで何人か生徒に、資質・能力について「その力が高いと思う人の特徴」、「最高レベルの行動は、どのような行動か」をヒアリングした。その結果、第1回ルーブリックでは「問題発見力と共感力を両方しっかり持っていないと発信力で高い評価は選べない」など、評価値が高くなればなるほど、複合的な力になっていることに気づいた。溝上先生からも同様のご指摘を頂いたため、資質・能力の間で重複しない記述に変更した。神谷岳中等部校長からは、より客観的な自己評価を目指すために、定量的な基準を設けるのはどうかという助言をもらった。特に発信力では、発信する内容で差をつけるのではなく、発信する対象や行為そのものに焦点を当て、さらに発信する対象人数を記述することで、イメージを持ってもらいやすくした。

また、教科独自のルーブリックを活用していた教員から、1段階目の記述内容があまりにも「できていない」状態であるという意見をもらった。他校のルーブリックも参考に、尺度を1点から4点ではなく0点から3点とし、現場の感覚と合うように微調整した。さらに、溝上先生から資質・能力の定義とルーブリックの3段階目の記述を同じレベルにして、資質・能力の定義で使われている言葉をルーブリックの中でも使うようにアドバイスをいただいた。このようにして第2回ルーブリックが完成した(**図表4-4-9**)。

Level	4	3	2	1
問題発見力	身近な興味関心から社会と関わる問題を発見し、調査をした上で仮説を立てることができる。	身近な興味関心から社会と関わる問題を発見することができる。	身近な興味関心はあっても、それから社会と関わる問題を発見することができない。	身近な興味関心がない。
共感力	他者の意見を聞き取り、他者の立場や考えを踏まえて自分の意見を改善、発展できる。	他者の意見を聞き取り、自分の意見と比較することができる。	他者の意見を聞き取ることができる。	他者の立場や考えを想像できない。
発信力	自分の意見やアイデアがあり、学校の外に出て不特定多数の他者に提案することができる。	自分の意見やアイデアを、30名程度の前で提案することができる。	自分の意見やアイデアを、4～5名程度のグループ内で提案することができる。	自分の意見やアイデアがあっても他者に伝えることができない。
内省力	自分の行動を振り返って分析し、将来の目標に向けた行動を見つけ、それを実行することができる。	自分の行動を振り返って分析し、将来の目標に向けた行動を見つけることができる。	自分の行動を振り返って分析することはできるが、将来の目標に向けた行動を見つけることができない。	自分の行動について振り返って分析できない。

定義
問題発見力：身近な興味関心から社会と関わる問題を発見する力。
共感力：感情に左右されず、他者の立場や考えから影響を受けながら自分の意見を改善する力。
発信力：自分の意見やアイデアを提案し、他者に影響を与える力。
内省力：自分の行動を振り返って分析し、将来に向けた行動を見つける力。

図表 4-4-9　年度末に実際に実施したルーブリック（第2回ルーブリック）

(2) 第2回ルーブリックの実施

①実施時期

第1回ルーブリックの実施前は、学年が上がるにつれて評価の平均値が緩やかに上昇することを想定していたが、実際には中学1年生の平均値が中学2年生より全体的に高かった（**図表 4-4-10**）。これは前回、第1回ルーブリックを7月中旬の1学期終業式に実施し、中学1年生は学校行事を十分に経験しないまま自己評価をしたことが要因だと考えられる。そこで、第2回ルーブリックは年度末に実施することにした。

各能力の学年別平均（第２回ルーブリック）

	問題発見力	共感力	発信力	内省力
1年	1.51	2.05	1.42	1.61
2年	1.52	2.3	1.38	1.71
3年	1.57	2.32	1.44	1.75
4年	1.66	2.34	1.55	1.8
5年	1.82	2.41	1.62	1.82

（参考）各能力の学年別平均（第１回ルーブリック）

	問題発見力	共感力	発信力	内省力
1年	2.4	2.86	2.45	2.56
2年	2.28	2.72	2.3	2.32
3年	2.4	2.82	2.34	2.62
4年	2.4	2.96	2.4	2.63
5年	2.45	2.93	2.32	2.71

※第１回ルーブリックは１点〜４点で評価したため、平均点が１点高くなる。

図表 4-4-10　学年ごとのルーブリックの平均値

②低学年の過大評価、高学年の過小評価

第１回ルーブリックでは高校生の平均値が３点を超えなかった（図表4-4-10）。前述の中学１年生の過大評価と高校生での過小評価を解決するために、生徒同士の相互評価を取り入れることにした。生徒が評価をする際には、相手を評価する根拠となった行動を伝えるようにビデオ内で促した（**図表4-4-11**）。相互評価の感想としては「自分では気づかなかった部分も評価の対象になっていて驚いた」「友達と話して一方はできているけど、他方はできていない気がすると感じたので評価を変えた」「相手を見ることによって相手との関わり方も工夫できると思った」のように肯定的に捉える生徒が多かった。一方で「相手に点数をつけるのが難しかった」のように、他者を評価することに抵抗を感じる生徒もいた。相互評価を踏まえて自己評価を変えた生徒もいたため、より客観的な自己評価を実現するためには相互評価をする意義はあったと感じる。

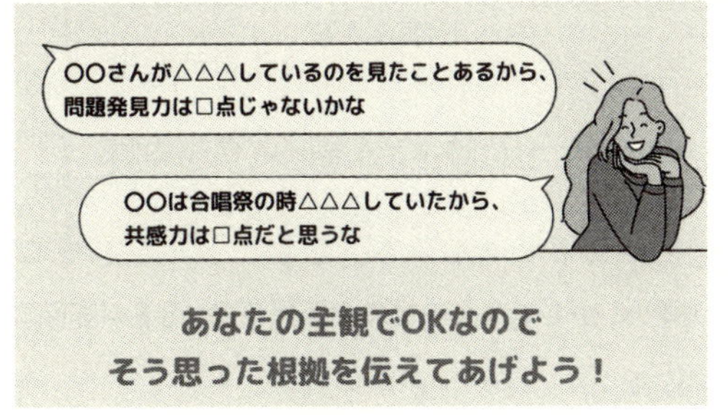

図表 4-4-11

＊ビデオ内で自己評価と相互評価のタイミングを明示した。相手への評価の伝え方はセリフ形式で例示することで、生徒が相手に何を伝えるべきかイメージしやすいようにした。

③回答率の改善

第1回ルーブリックの回答率は全体の 82.5% であった。この調査は学校全体の取り組みであり、生徒全員に回答させる必要があるため、職員会議で改めて IR の意義と目的を説明した。さらに、学年主任や担任から未回答の生徒に対して回答するよう促してもらった。

また、生徒向けに回答率を上げる工夫として、ビデオ内に 10 秒程度の回答時間を設け、その場で確実に回答させるようにした。その結果、第2回のルーブリックの回答率は 93.4% と大きく上昇した。

④ビデオ構成の工夫

ヒアリングの際に生徒から、2段階目と3段階目の違いをルーブリックの記述語だけで判断するのは難しいという意見をもらった。中学1年生が高い

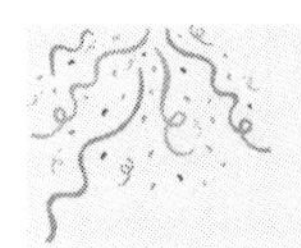

3点

自分の意見やアイデアを学校の外に出て

不特定多数の他者に提案できる。

大会・コンテスト・他校などに行って、
自分たちの意見やアイデアを発表する。

図表 4-4-12
＊発信力の最高段階であるルーブリックの記述語を読み上げ（左）、具体的な行動例を紹介した（右）。

自己評価をする傾向にあることからも、学年ごとに理解度に差があると考え、ビデオ内で行動例を紹介した（**図表 4-4-12**）。そして部活、行事、特別講座など生徒が様々な場面を想定できるようにした。

(3) 第 2 回ルーブリックの結果の分析（第 1 回ルーブリックとの比較も含む）

①本校生徒の強み

中等部では問題発見力、共感力、内省力で、高等部では発信力と内省力で、模試の偏差値帯が上がるほど、ルーブリックの評価値が高くなった（**図表 4-4-13**、**図表 4-4-14** を参照）。この結果から、本校では学業成績と非認知能力の間に関連がみられることが示唆された。特に、どの偏差値帯の生徒も共通して「共感力」の平均値が高かった。これは、授業で個人作業よりもペアワークやグループワークを多く取り入れていること、部活や行事を通して異なる立場の他者と関わる機会が多いことから、共感力に自信を持つ生徒が多いと考えられる。

②本校生徒の伸びしろ

問題発見力と発信力は、どの偏差値帯の生徒でも平均値が 2 点を超えなかった。発信力の 2 点が示す行動は「クラス内での提案」である。今後は授業や行事で、クラス内での発表の機会を意識して作る必要がある。また問題発見力が2点に届かないことから、自分の経験と社会問題をつなげることができない生徒が多いと読み取れる。このことから社会問題や既知の事実を自分の経験と結びつける学習活動を授業でも取り入れていく必要がある。後述にあるシラバスの改定によって、多くの教員が資質・能力を意識しながら授業を組み立てるようになると考えている。

③結果の活用・今後の運用

ルーブリックを生徒の行動指針として役立ててもらいたいという考えから、ルーブリックの学年平均と生徒個人が回答したスコアを載せた個票を配布した（**図表4-4-15**）。配布時期は、新学年になった4月のオリエンテーション期間とし、生徒が新年度の行動目標を書き込めるワークシート形式にした。模試の成績表を参考に、学年平均と生徒個人の回答結果をレーダーチャートにまとめることができるようにした。

生徒に個票を配布する前には、この個票の意図を説明した。教科指導のようにバランスを良くすることが目的ではなく、自身の強みをより伸ばし、弱みを知ることが目的だ。生徒が振り返りを書き込んだ後に担任が回収し、スキャンデータを残すことで、今後のIRに活用できるようにした。これにより中学2年生以上は年度末にルーブリックを実施して、年度始めに個票を返却するというサイクルができたが、中学1年生にはそのサイクルがないため、1年生にどの段階で学校教育目標を伝えるか、神谷岳中等部校長と相談した。そして6月頭の校外授業で起業マインドと、各資質・能力の定義、ルーブリックについて説明することにした。年度末にルーブリックを使った自己評価をすることと、さらに今後の学校生活で起業マインドを意識して欲しいということも伝えた。さらにルーブリックを見直し、「1点」のように尺度を点数で表すと、生徒がその点数を選ぶ時に抵抗を感じるのではないかと考え、「レベル1」のように尺度をレベルと表記することにした。

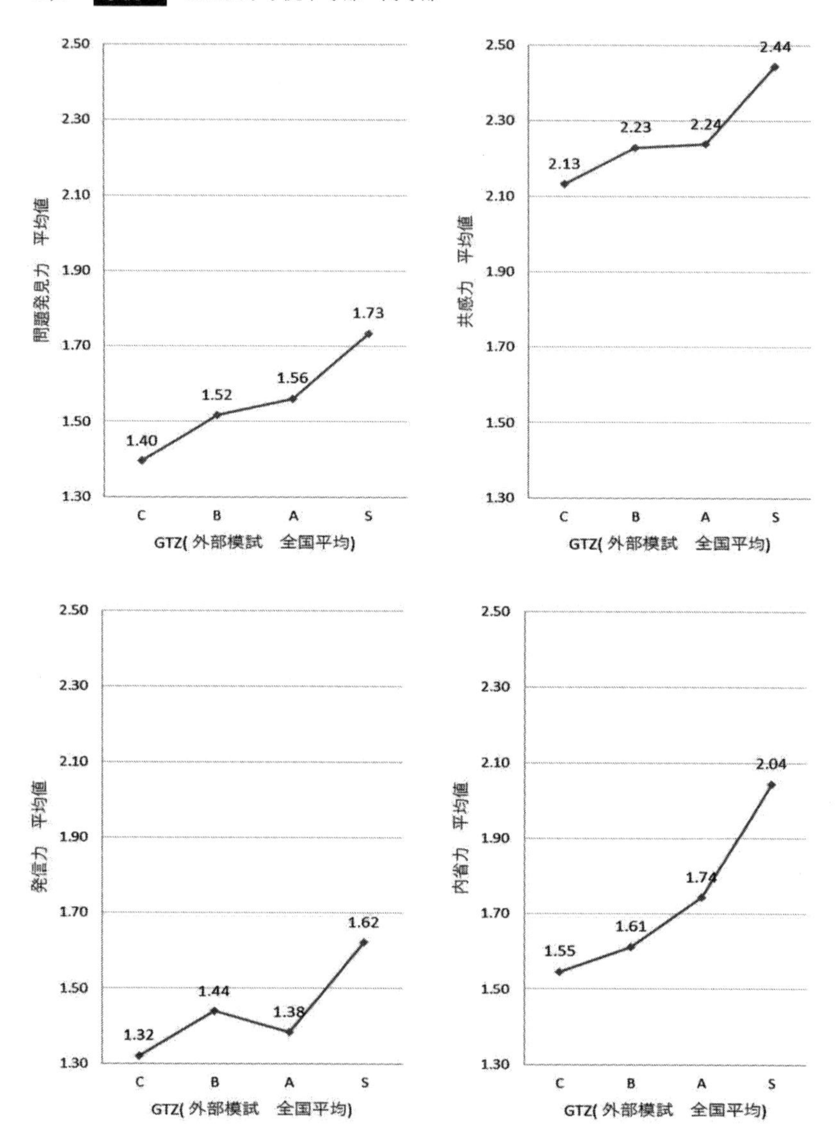

図表 4-4-13　第 2 回ルーブリックを用いた資質・能力と模試結果の関連 (中等部)

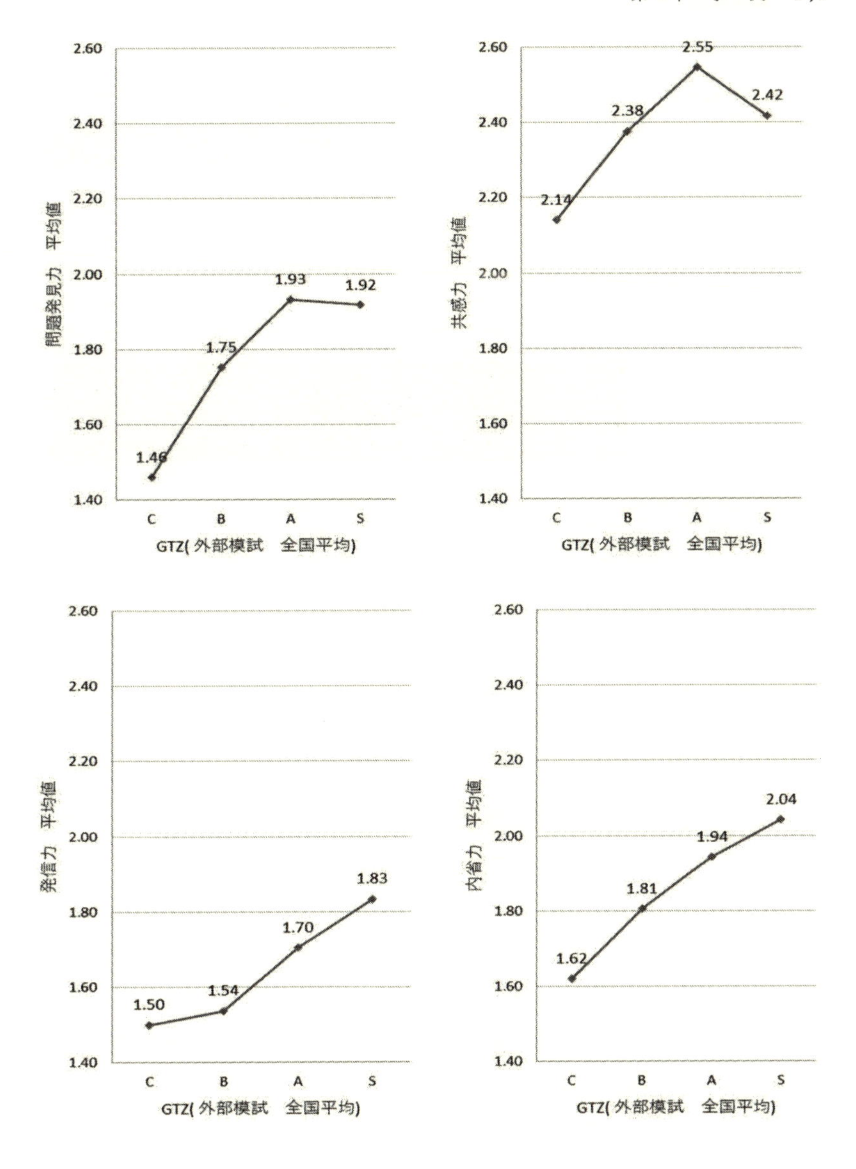

図表 4-4-14　第 2 回ルーブリックを用いた資質・能力と模試結果の関連（高等部）

起業マインド検定 Score Report 2022

起業マインドとは、品川女子学院で育成したい生徒の力の総称です。起業マインドは、問題発見力、共感力、発信力、内省力、基礎学力の５つで構成されています。

1. 2022年度の結果

	問題発見力	共感力	発信力	内省力	基礎学力
あなたの回答					
学年平均					

◆ 定義 ◆

問題発見力：身近な興味関心から社会と関わる問題を発見する力。

共感力：感情に左右されず、他者の立場や考えから影響を受けながら自分の意見を改善する力。

発信力：自分の意見やアイデアを提案し、他者に影響を与える力。

内省力：自分の行動を振り返って分析し、将来に向けた行動を見つける力。

	3点	2点	1点	0点
問題発見力	身近な興味関心から社会と関わる問題を発見し、調査をした上で仮説を立てることができる。	身近な興味関心から社会と関わる問題を発見することができる。	身近な興味関心はあっても、それから社会と関わる問題を発見することができない。	身近な興味関心がない。
共感力	他者の意見を聞き取り、他者の立場や考えを踏まえて自分の意見を改善、発展できる。	他者の意見を聞き取り、自分の意見と比較することができる。	他者の意見を聞き取ることができる。	他者の立場や考えを想像できない。
発信力	自分の意見やアイデアがあり、学校の外に出て不特定多数の他者に提案することができる。	自分の意見やアイデアを、30名程度のクラスなどで提案することができる。	自分の意見やアイデアを、4~5名程度のグループで提案することができる。	自分の意見やアイデアがあっても他者に伝えることができない。
内省力	自分の行動を振り返って分析し、将来の目標に向けた行動を見つけ、それを実行することができる。	自分の行動を振り返って分析し、将来の目標に向けた行動を見つけることができる。	自分の行動を振り返って分析することはできるが、将来の目標に向けた行動を見つけることができない。	自分の行動について振り返って分析できない。

実行すれば、
内省力と発信力の両方が伸びる！

図表4-4-15 実際に生徒が振り返りを記入した個票

2. 起業マインドで見るわたしの強み・弱み

レーダーチャートであなたの"起業マインド"を可視化し、強みと弱みを確認しましょう。

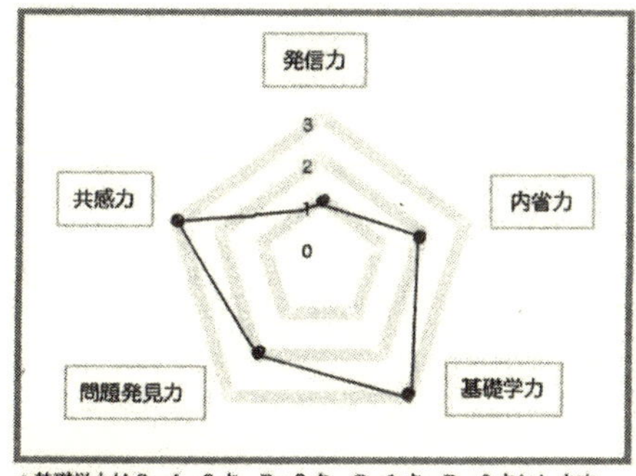

＊基礎学力はS・A→3点、B→2点、C→1点、D→0点とします。

3. 2023年度に向けた振り返り・目標

今日は基礎学力以外の4つの力（問題発見力・共感力・発信力・内省力）にしぼって、振り返ってみましょう！

★わたしの強みは　共感力　力

強みが複数ある場合は、自分で1つ選んでください。基礎学力以外の4つの力から選ぶこと。

学校生活のどの場面でこの力が身についたと感じますか？この力をもっと伸ばすために何ができますか？

友人との対話やCBLでの話し合いの際に他者を[illegible]→自分を発展という所までもっていけた。より伸ばす為に、共感力の内容から内省にまでつなげられれば、両分野でのパワーアップが望めるのではないか。

★わたしの弱みは　発信力　力

弱みが複数ある場合は、自分で1つ選んでください。基礎学力以外の4つの力から選ぶこと。

内省

2023年度が終わるまでに1つ上の点数に達するには、何ができますか？具体的に書いてみましょう。

数名のグループだけではなく、もっと多い人達に向けての提案ができるようになるには、場数を踏んで否定や批評を恐れすぎないという点でチャレンジを重ねることがベストなのではないかと思う。

今年度は左の表の基準に生徒の皆さんの意見やアイデアを取り入れたいと思っています。基準を考えたり、ビデオに出演することなどに協力してくれる人は、以下のボックスにチェックをつけてください♪　→□

5. 今後の展望

2023年度は、学校が定めた教育目標を生徒が理解しやすくなるように、ルーブリックの記述語や具体例を生徒とともに修正していきたい。溝上先生からも、IRの取り組みを一緒に考えてくれる生徒がいるなら、ワーキンググループを作って協力してもらった方が学校の特色になるのではないかとアドバイスを頂いた。そこで、ルーブリックの記述語を一緒に考えたり、ビデオに出演することなどに協力してくれる生徒を募集したところ、中学2年生から高校2年生まで約20名に集まってもらうことができた。今後は生徒からの意見を集め、ルーブリックが生徒の成長に適した行動指針になるように修正していきたい。

また、各教科のシラバスにも起業マインドの要素を盛り込むことで、授業

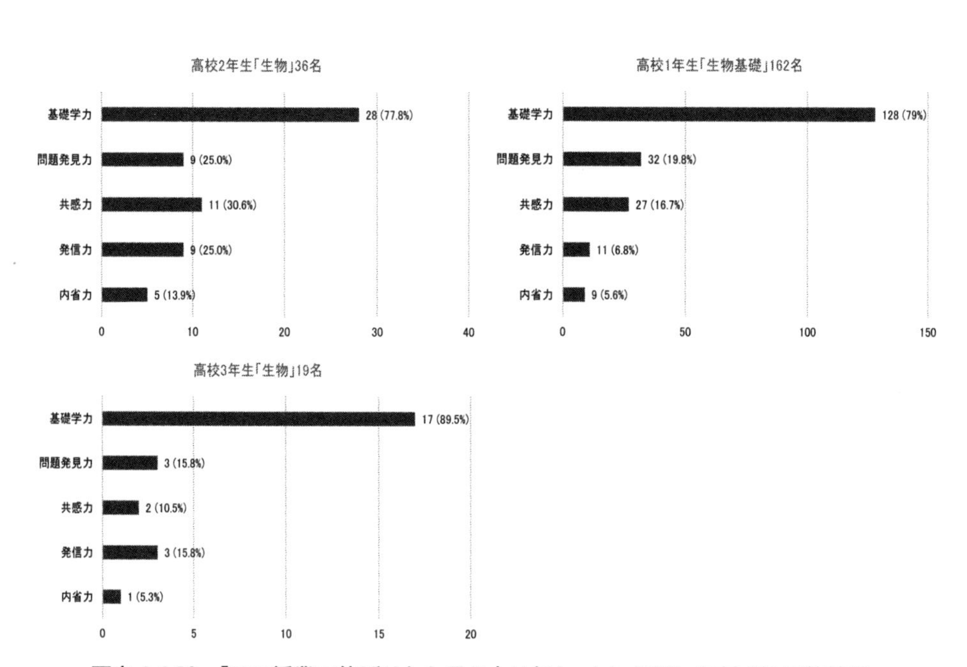

図表 4-4-16 「この授業で伸ばせたと思う力は何か」という問いに対する回答結果

＊複数選択可で、2023年度1学期末に実施した。(左) 高校1年生「生物基礎」162名、(中) 高校2年生「生物」36名、(右) 高校3年生「生物」19名 (回答率は全ての教科で、留学生・長欠生を除き100%)

の組み立てにおいても起業マインドを意識することを促していきたい。現状では、教科との繋がりはあまり意識されていない。2023年度1学期の授業アンケートで、授業と起業マインドの関連について質問すると、圧倒的に「基礎学力」と回答する生徒が多かった（**図表4-4-16**）。シラバスで起業マインドと教科の学習活動をあらかじめ関連付けておくことで、何か学習活動をする際に、例えば「問題発見力を伸ばすための活動だ」と意識しながら指導することができるかもしれない。そうすることで、教員が選ぶ言葉や、行動が変容してくるはずである。また、教科会議などである資質・能力を伸ばすにはどのような学習活動が必要かを議論すること自体に意味があるだろう。今後は行事や部活だけではなく、授業を含めた学校全体の活動によって起業マインドを伸ばしてもらいたい。

さらに冒頭で述べたように、新校舎への建て替えに伴って、教室にスクール・ポリシーは掲示されていない。広報部が作成したポスターなど何らかの形で、学校教育目標を全教室に掲示し、生徒が日常的に意識できる環境を作りたい。

2023年度も年度末にルーブリックを実施する予定である。生徒にとっては成長の指針として、教員にとっては生徒の成長を知り、本校の特長を明確にするツールとして、これからもIRを推進していきたい。

注

1　日本の女性の第1子の出産年齢は30.9歳である。2022年厚生労働省人口動態統計月報年計

2　2014年から2019年まで、文部科学省より「スーパー・グローバル・ハイスクール」の指定を受け、国際的に活躍できるグローバル・リーダーの育成を図った。

事項索引

【や】

【ら】

【英数字】

人名索引

執筆者一覧

溝上慎一	（学校法人桐蔭学園 理事長・桐蔭横浜大学 教授）	（はじめに、第1～3章）
川妻篤史	（桐蔭横浜大学教育研究開発機構教授、前桐蔭学園中等教育学校教諭・校長補佐）	（第4章事例1）
合田　意	（大手前高松中学・高等学校 教諭・前教育企画部長）	（第4章事例2）
滝　陽介	（富士市教育委員会 富士市立高等学校 指導主事）	（第4章事例3）
斉藤　雅	（静岡県立静岡東高等学校 教諭、前富士市教育委員会 富士市立高等学校 指導主事）	（第4章事例3）
山本はるか	（品川女子学院 教諭）	（第4章事例4）
山崎　碧	（品川女子学院 教諭）	（第4章事例4）

編著者

溝上慎一（みぞかみしんいち）　学校法人桐蔭学園理事長　桐蔭横浜大学教授

1970年生まれ。大阪府立茨木高等学校卒業。神戸大学教育学部卒業。京都大学博士（教育学）。1996年京都大学高等教育教授システム開発センター助手、2000年同講師、教育学研究科兼任、2003年京都大学高等教育研究開発推進センター助教授（のち准教授）、2014年同教授。2019年学校法人桐蔭学園理事長、桐蔭横浜大学学長（2020-2021年）。現在に至る。

大学教育学会理事、東京大学大学院教育学研究科客員教授、公益財団法人電通育英会大学生調査アドバイザー、学校法人河合塾教育研究開発本部研究顧問、文部科学省各委員、大学の外部評価・中学・高等学校の指導委員、日本学術会議連携会員等。日本青年心理学会学会賞（2013年）、日本教育情報学会論文賞（2023年）受賞。

■専門

専門は、心理学（現代青年期、自己・アイデンティティ形成、自己の分権化）と教育実践研究（生徒学生の学びと成長、アクティブラーニング、学校から仕事・社会へのトランジション、キャリア教育等）。

■主な著書

『自己形成の心理学―他者の森をかけ抜けて自己になる』（2008世界思想社、単著）、『現代青年期の心理学―適応から自己形成の時代へ』（2010有斐閣選書、単著）、『自己の心理学を学ぶ人のために』（2012世界思想社、共編）、『アクティブラーニングと教授学習パラダイムの転換』（2014東信堂、単著）、『高校・大学から仕事へのトランジション―変容する能力・アイデンティティと教育』（2014ナカニシヤ出版、共編）、『アクティブラーニング・シリーズ』全7巻監修（2016東信堂）、『アクティブラーニング型授業の基本形と生徒の身体性』（2018東信堂、単著）、『学習とパーソナリティ―「あの子はおとなしいけど成績はいいんですよね！」をどう見るか』（2018東信堂、単著）、『社会に生きる個性―自己と他者・拡張的パーソナリティ・エージェンシー』（2020東信堂、単著）、『インサイドアウト思考―創造的思考から個性的な学習・ライフの構築へ』（2023東信堂、単著）、『高校・大学・社会 学びと成長のリアル―「学校と社会をつなぐ調査」10年の軌跡』（2023学事出版、責任編集）、『幸福と訳すな！ウェルビーイング論―自身のライフ構築を目指して』（2024東信堂、単著）等多数。

学校教育目標（スクール・ポリシー）のアセスメントとカリキュラム・マネジメントの組織化に向けて

2024年12月20日　初　版第1刷発行　〔検印省略〕

定価はカバーに表示してあります。

編著者©溝上慎一（株式会社みぞかみラボ）／発行者 下田勝司　印刷・製本／中央精版印刷

東京都文京区向丘1-20-6　郵便振替 00110-6-37828

〒113-0023　TEL（03）3818-5521　FAX（03）3818-5514

発行所 株式会社 東信堂

Published by TOSHINDO PUBLISHING CO., LTD.

1-20-6, Mukougaoka, Bunkyo-ku, Tokyo, 113-0023, Japan

E-mail : tk203444@fsinet.or.jp http://www.toshindo-pub.com

ISBN978-4-7989-1931-7 C3037

東信堂

世界で花開く日本の女性たち—国際機関で教育開発に携わるキャリア形成	小川啓一・水野谷優 編	二三〇〇円
ミネルバ大学を解剖する	松下佳代編著	三二〇〇円
ミネルバ大学の設計書	S・M・コスリン／B・ネルソン編 松下佳代監訳	五二〇〇円
アメリカの授業料と奨学金研究の展開	小林雅之	六二〇〇円
アメリカ高等教育史—その創立から第二次世界大戦までの学術と文化	原圭寛、間篠剛留、五島敦子、小野里拓、藤井翔太、原田早春 訳	八六〇〇円
アメリカの体育カリキュラム設計論—その成立と展開	徳島祐彌	三四〇〇円
米国シカゴの市民性教育—子どものエンパワメントの視点から	久保園梓	四二〇〇円
アメリカ教育例外主義の終焉—変貌する教育改革政治	青木栄一監訳	三六〇〇円
オープン・エデュケーションの本流—ノースダコタ・グループとその周辺	橘髙佳恵	三六〇〇円
米国の特殊教育における教職の専門職性理念の成立過程	志茂こづえ	四二〇〇円
米国における協働的な学習の理論的・実践的系譜	福嶋祐貴	三六〇〇円
アメリカにおける学校認証評価の現代的展開	浜田博文編著	二八〇〇円
現代アメリカ貧困地域の市民性教育改革—教室・学校・地域の連関の創造	古田雄一	四二〇〇円
アメリカ公民教育におけるサービス・ラーニング	唐木清志	四六〇〇円
〔再増補版〕現代アメリカにおける学力形成論の展開—スタンダードに基づくカリキュラムの設計	石井英真	四八〇〇円
アメリカにおける多文化的歴史カリキュラム	桐谷正信	三六〇〇円
アメリカ 間違いがまかり通っている時代—公立学校の企業型改革への批判と解決法	D・ラヴィッチ著 末藤美津子訳	三八〇〇円
教育による社会的正義の実現—アメリカの挑戦（1945-1980）	D・ラヴィッチ著 末藤美津子訳	五六〇〇円
学校改革抗争の100年—20世紀アメリカ教育史	D・ラヴィッチ著 末藤・宮本・佐藤訳	六四〇〇円
アメリカ公立学校の社会史—コモンスクールからNCLB法まで	W・J・リース著 小川佳万・浅沼茂監訳	四六〇〇円

※定価：表示価格（本体）＋税

〒 113-0023 東京都文京区向丘 1-20-6 TEL 03-3818-5521 FAX03-3818-5514
Email tk203444@fsinet.or.jp URL:http://www.toshindo-pub.com/

東信堂

- 大学における教学マネジメント2・0 —やらされ仕事から脱し、学びの充実のための営みへ　大学基準協会 監修　大森不二雄 編著　二九〇〇円
- 21世紀型リベラルアーツと大学・社会の対話　大学基準協会 監修　山田礼子 編著　三一〇〇円
- 「学習成果」可視化と達成度評価 —その現状・課題・展望　大学基準協会 監修　早田幸政 編著　三八〇〇円
- 教学マネジメントと内部質保証の実質化　大学基準協会 監修　永田恭介・山崎光悦 編著　三二〇〇円
- 大学評価の体系化　大学基準協会 監修　高等教育のあり方研究会　生和秀敏 編著　三二〇〇円
- 2040年 大学教育の展望 —21世紀型学習成果をベースに　山田礼子　二八〇〇円
- 2040年 大学よ甦れ —カギは自律的改革と創造的連帯にある　田中弘允　佐藤博明　田原博人 著　二四〇〇円
- 検証 国立大学法人化と大学の責任 —その制定過程と大学自立への構想　田中弘允　佐藤博明　田原博人 著　三七〇〇円
- 高等教育の質とその評価—日本と世界　山田礼子編著　二八〇〇円
- 大学の組織とガバナンス—高等教育研究論集第1巻　羽田貴史　三五〇〇円
- 科学技術社会と大学の倫理—高等教育研究論集第4巻　羽田貴史　三二〇〇円
- 学生参加による高等教育の質保証　山田勉　二四〇〇円
- 国立大学職員の人事システム—管理職への昇進と能力開発　渡辺恵子　四二〇〇円
- 国立大学法人の形成　大﨑仁　二六〇〇円
- 国立大学・法人化の行方—自立と格差のはざまで　天野郁夫　三六〇〇円
- 日本の大学経営 —自律的・協働的改革をめざして　両角亜希子　三九〇〇円
- 私立大学の経営と拡大・再編 —一九八〇年代後半以降の動態　両角亜希子　四二〇〇円
- 学長リーダーシップの条件　両角亜希子編著　二六〇〇円
- 教職協働による大学改革の軌跡　村上雅人　二四〇〇円
- 大学経営・政策入門　東京大学 大学経営・政策コース編　二四〇〇円
- 大学経営とマネジメント　新藤豊久　二五〇〇円
- 日本の大学改革の方向—『大学は社会の希望か』増補改訂版　江原武一　三二〇〇円
- 大学は社会の希望か—大学改革の実態からその先を読む　江原武一　二〇〇〇円

※定価：表示価格（本体）＋税

〒113-0023 東京都文京区向丘 1-20-6　TEL 03-3818-5521　FAX03-3818-5514
Email tk203444@fsinet.or.jp　URL:http://www.toshindo-pub.com/

東信堂

リーディングス 比較する比較教育学 —多様性の教育学へ	杉本均・南部広孝 編著	三七〇〇円
リーディングス 比較教育学 地域研究	近藤孝弘・中矢礼美・西野節男 編著	三七〇〇円
若手研究者必携 比較教育学のアカデミック・キャリア —比較教育学を学ぶ人の多様な生き方・働き方	森下稔・鴨川明子・市川桂 編著	二〇〇〇円
若手研究者必携 比較教育学の研究スキル	山内乾史 編著	一七〇〇円
比較教育学事典	日本比較教育学会 編	一二〇〇〇円
比較教育学の地平を拓く	山田肖子・森下稔 編著	四六〇〇円
比較教育学—越境のレッスン	馬越徹	三六〇〇円
比較教育学—伝統・挑戦・新しいパラダイムを求めて	M・ブレイ 編著 馬越徹・大塚豊 監訳	三八〇〇円
国際教育開発の研究射程—「持続可能な社会」のための比較教育学の最前線	北村友人	二八〇〇円
国際教育開発の再検討—途上国の基礎教育普及に向けて	小川啓一・西村幹子・北村友人 編著	二四〇〇円
発展途上国の保育と国際協力	浜野隆・三輪千明 著	三八〇〇円
中国教育の文化的基盤	顧明遠 著 大塚豊 監訳	二九〇〇円
中国大学入試研究—変貌する国家の人材選抜	大塚豊	三六〇〇円
東アジアの大学・大学院入学者選抜制度の比較 —中国・台湾・韓国・日本	南部広孝	三二〇〇円
中国高等教育独学試験制度の展開	南部広孝	三二〇〇円
中国独立学院制度の発足・普及・変貌 —高等教育発展の新たな試み	潘秋静	五四〇〇円
中国高等職業教育の展開 —その制度的・教育的・文化的要因から	張潔麗	四五〇〇円
中国の職業教育拡大政策—背景・実現過程・帰結	劉文君	五〇四八円
中国における大学奨学金制度と評価	王帥	五四〇〇円
中国高等教育の拡大と教育機会の変容	王傑	三九〇〇円
中国の素質教育と教育機会の平等 —都市と農村の小学校の事例を手がかりとして	代玉	五八〇〇円
現代中国初中等教育の多様化と教育改革	楠山研	三六〇〇円
日本高等教育における「グローバル人材」育成力 —留学生の人材自己形成過程の視点から	譚君怡	三四〇〇円
グローバル人材育成と国際バカロレア —アジア諸国のIB導入実態	李霞 編著	二九〇〇円
文革後中国基礎教育における「主体性」の育成	李霞	二八〇〇円

※定価：表示価格（本体）＋税

〒113-0023 東京都文京区向丘 1-20-6 TEL 03-3818-5521 FAX03-3818-5514
Email tk203444@fsinet.or.jp URL:http://www.toshindo-pub.com/

東信堂

オックスフォード キリスト教美術・建築事典	P&L・マレー著 中森義宗監訳	三〇〇〇〇円
イタリア・ルネサンス事典	J・R・ヘイル編 中森義宗監訳	七八〇〇円
美術史の辞典	P・デューロ他 中森義宗・清水忠訳	三六〇〇円
涙と眼の文化史—中世ヨーロッパの標章と恋愛思想	徳井淑子	三六〇〇円
青を着る人びと	伊藤亜紀	三五〇〇円
社会表象としての服飾—近代フランスにおける異性装の研究	新實五穂	三六〇〇円
病と芸術—「視差」による世界の変容	中村高朗編著	一八〇〇円
象徴主義と世紀末世界	中村隆夫	二六〇〇円
イギリスの美、日本の美—ラファエル前派と漱石、ビアズリーと北斎	河村錠一郎	二六〇〇円
美を究め美に遊ぶ—芸術と社会のあわい	江藤光紀・荻野厚志・田中佳 編著	二八〇〇円
バロックの魅力	小穴晶子編	二六〇〇円
新版 ジャクソン・ポロック	藤枝晃雄	二六〇〇円
西洋児童美術教育の思想—ドローイングは豊かな感性と創造性を育むか？	要真理子・前田茂 監訳	三六〇〇円
ロジャー・フライの批評理論—知性と感受性の間で	要真理子	四二〇〇円
レオノール・フィニ—境界を侵犯する新しい種	尾形希和子	二八〇〇円

〔世界美術双書〕

バルビゾン派	井出洋一郎	二〇〇〇円
キリスト教シンボル図典	中森義宗	二三〇〇円
パルテノンとギリシア陶器	関隆志	二三〇〇円
中国の版画—唐代から清代まで	小林宏光	二三〇〇円
象徴主義—モダニズムへの警鐘	中村隆夫	二三〇〇円
中国の仏教美術—後漢代から元代まで	久野美樹	二三〇〇円
セザンヌとその時代	浅野春男	二三〇〇円
日本の南画	武田光一	二三〇〇円
画家とふるさと	小林忠	二三〇〇円
ドイツの国民記念碑—一八一三年—一九一三年	大原まゆみ	二三〇〇円
日本・アジア美術探索	永井信一	二三〇〇円
インド、チョーラ朝の美術	袋井由布子	二三〇〇円
古代ギリシアのブロンズ彫刻	羽田康一	二三〇〇円

※定価：表示価格（本体）＋税

〒113-0023 東京都文京区向丘 1-20-6 TEL 03-3818-5521 FAX03-3818-5514
Email tk203444@fsinet.or.jp URL:http://www.toshindo-pub.com/